공학으로
인문학 읽기

공학으로 인문학 읽기

디지털 인문학 연구와 교육

초판 1쇄 인쇄 2021년 9월 28일
초판 1쇄 발행 2021년 10월 5일
—

지은이 이재연·이종웅·선보민·김용수·권보연
펴낸이 이방원
편 집 송원빈·김명희·안효희·정조연·정우경·조상희
디자인 양혜진·손경화·박혜옥   **영 업** 최성수
—

펴낸곳 세창미디어
　　　　신고번호 제2013-000003호   **주소** 03736 서울시 서대문구 경기대로 58 경기빌딩 602호
　　　　전화 02-723-8660   **팩스** 02-720-4579   **이메일** edit@sechangpub.co.kr   **홈페이지** http://www.sechangpub.co.kr
　　　　블로그 blog.naver.com/scpc1992   **페이스북** fb.me/Sechangofficial   **인스타그램** @sechang_official
—

ISBN 978-89-5586-709-1   93000

UNIST 창의인문연구소 총서 시리즈 03

공학으로

인문학 읽기

이재연 · 이종웅 · 선보민 · 김용수 · 권보연

세창미디어
MEDIA

그 섬에 가고 싶다

사람들 사이에 섬이 있다.

그 섬에 가고 싶다.

— 정현종, 「섬」

디지털 인문학digital humanities은 아날로그 자료를 디지털화하여 새롭게 구축한 아카이브를 대상으로 전산분석을 행하는 인문학 연구의 총칭이라 할수 있다. 분과학문 내에서 수행하던 정량분석이나 전산분석 방식을 그 경계를 넘어 적용하고, 새로운 연구대상을 발굴하면서 생긴 학문적 현상이다. 한국의 디지털 인문학은 국문학, 영문학, 중문학, 역사학, 문헌학과 같은 전통적인 인문학 분야에서 그간 많은 발전이 있었지만, 인문학에서 볼때도 공학에서 볼 때도 아직 낯설다. 인문학자들에게는 디지털 인문학 연구를 수행할 때 필요한 전산 도구나 기술이 생소하다. 교육현장에서 이 문제는 곧장 코딩의 문제로 이해되는데, 디지털 인문학 교수법 워크숍에서 뵌 한 선생님은, 인문학 학부생에게 어느 정도의 코딩 교육을 시켜야 디지털 분석을 제대로 할 수 있을지 잘 모르겠다는 어려움을 토로하셨다. 한편 공학에서는 디지털 기술이 적용되는 인문학적 문제도 낯설고 전산분석이 연결될 수 있는 인문학적 고리도 낯선 듯하다. 특히 인문학 연구와 교육의 제반 체제가 부족한 과학기술 특성화 대학에서는, 후자의 문제가 특히 두드러진다. 예를 들면 울산과학기술원UNIST에서는, 교내에서 딥러닝을 전문적으로 연구하고 계신 교수님들은 쉽게 뵐 수 있어도 이를 언어적으로 활용한 언어분석natural language understanding이나 언어생성natural language generation을 연구하고 계신 교수님들을 찾기는 쉽지 않았다. 과학기술원 내 디지털 인문학은 섬과 같은 존재인 듯싶다. 전산 기술의 전문적 성격으로 인해, 또한 언어학과 같은 인문학 자원의 부족으로 인해 이중으로 고립되어 있다.

2020년 8월 개최된 디지털 인문학 워크숍은, 이러한 고립을 극복하고 협업의 플랫폼을 구축하기 위해 마련된 자리였다. 워크숍은 〈디지털 인문학 - 어떤 공학도를 키워 내야 할까?〉라는 주제로, 인문학부 내 창의인문 교육 및 연구센터와 디지털 인문학 인큐베이터가 주최하였는데 목표는 크게 세 가지였다. ① 공학자들에게는 디지털 인문학 도구나 AI를 활용한 기술이 인문학적으로 전이되었을 때 어떠한 문제를 해결할 수 있는지 확인하는 자리를 제공하고, ② 인문학자들에게는 인문학 문제를 해결하기 위해서 어떠한 공학적 기술이 요구되는지 그 사례를 제공하는 것이었다. ③ UNIST 내부적으로는, 교내에 디지털 인문학이라는 학제를 올릴 수 있는 정지整地 작업을 수행하는 것이었다. 본 워크숍을 통해 컴퓨터 공학, 인류학, 문화학, 언어학, 미디어학, 영문학, 국문학 등 인문학과 공학을 망라하는 전문가들이 모여서 디지털 인문학 연구의 최신의 성과를 공유하고, 이를 교육현장에 들여올 수 있는 방식을 고민하였다. 또한 UNIST 교육개발팀은 교내에서 구상하는 디지털 인문학 교과목을 소개하고 외부 전문가들의 자문을 얻을 수 있었다.

8월 21-22일 양일간 온라인으로 진행되었던 행사는 성황리에 마쳤다. UNIST에서 아홉 명, 교외에서 열두 명이 발표와 토론에 참여하였고 접속자도 한때 쉰 명이 넘는 등, 온라인으로 진행된 1박 2일간의 긴 행사였음에도 많은 청중이 행사를 즐겼다. 청중은 한국의 여러 대학에서뿐만 아니라 해외에서도 접속하여 토론에 참여하였으며 본 행사에 참석하지 못한 분들의 자료집 요청도 다수 있었다. 디지털 인문학 연구, 디지털 인문학 교육, UNIST 디지털 인문학 교과개발로 기획된 워크숍의 구성과 일정은 머리말의 끝에 첨부한 표를 참조하기 바란다.

본 저서는 〈2020 UNIST 디지털 인문학 워크숍〉의 후속 작업으로 기획된 책이다. 원래는 디지털 인문학 연구와 교육 세션에서 발표된 모든 글을 논문 형식으로 엮어 발간하려 했으나 여의치 않았다. 하여 본 저서를 위해 새로 써 주신 논문과, 워크숍의 주제와 관련하여 참가자분들이 이미 쓰신 논문까지 묶어 간행하게 되었다. 앞의 두 장은 최근 디지털 인문학의 연구성과에 관한 것으로, 고전학 분야에서 인공지능을 활용한 자동번역 기술을 적용한 사례와 근대문학 분야에서 사회연결망 네트워크를 기반으로 1920년대 작가들의 군집을 새롭게 분석한 사례를 담았다. 뒤의 두 장은 디지털 도구와 기술을 활용한 새로운 교육 사례를 담았다. 여기에는 한림대학교 영문학 및 디지털 인문예술 융합 전공에서 4학기 동안 진행한 교육적 실험과, 연세대학교 문과대학 인문융합교육원에서 개설된, 산학연계를 위한 〈인터랙티브 스토리 디자인〉 과목 운영의 사례를 제시하였다.

1장은 델타엑스의 이종웅 선생님과 한국고전번역원 고전정보센터의 선보민 선생님이 함께 쓰신 「인공지능 기반 고전문헌 자동번역의 기술적 측면과 사업 성과 및 가능성」이다. 이 글은 2017년부터 2019년까지 3년 동안 한국고전번역원에서 수행한 인공지능 자동번역 시스템 프로젝트의 진행 과정과 성과를 담았다. 특히 자동번역 기술의 변화 과정, 인공신경망 기반 기계번역의 작동 원리 및 이를 적용하여 고전문헌 자동번역 시스템을 구축한 방법을 상술하였다.

자동번역 기술은, 냉전시대에 군사적 목적으로 개발한 초기모델을 거쳐, 대역어 사전과 대역어 간의 언어학적 문법 패턴을 기반으로 한 규칙 기반 자동번역, 대용량 병렬 코퍼스에서 확률값을 추출하는 통계 기반 자동번역, 그리고 최근의 심층 인공신경망을 활용한 번역으로 발전되어 왔다. 기존의 통계 기반 번역과는 달리 인공신경망 모델은, 문장을 구성하는 단어를 벡터로 표상하고 이 벡터 간의 연산을 통해 유사 어휘를 학습하고 분류하는 과정을 수반한다. 대용량의 데이터 학습을 통해 언어적 특성의 반영을 최소화하더라도 좋은 결과를 도출하는 장점이 있다. 인공신경망 기반 자동번역은, 입력된 정보를 순차적으로 처리하는 순환신경망(RNN: Recurrent Neural Network), 비교적 긴 문장을 학습할 수 있도록 설계된 장단기 메모리(LSTM: Long Short-Term Memory) 등을 활용하는 방식이다. 최근에는 이러한 RNN 모델을 발전시켜, 학습해야 할 부분에 집중하도록 고안된 어텐션 메커니즘 Attention Mechanism을 통해 병렬학습 시의 시간을 단축하고 긴 문장의 번역 과정에서 성능을 향상시키는 방법이 등장하였다.

이와 같은 인공신경망에 기반한 문장생성 모델을 활용하여 고전번역원에서는 고전문헌 자동번역 시스템 구축사업을 진행 중이다. 한국의 고전문헌 중에는 『승정원일기』, 『일성록』 등 미번역 자료들이 상당수 있다. 인간의 번역으로 65년 정도 소요될 것으로 추산되어, 이에 자동번역사업을 추진하게 되었다. 2017-2019년에 구축한 122만 건의 『승정원일기』의 원문-번역문 코퍼스를 기계학습하고 번역한 결과, 만족스러운 결과가 도출되었다고 한다. 현재는 형식이 다른 문헌 간의 자동번역 비교를 통해 앞으로 모든 분야의 고문헌에 적용 가능한 범용적 자동번역 모델의 개발을 시도 중이라고 저자들은 적고 있다.

한국의 고전문학과 근현대문학에 있어서 디지털 인문학은, 각 세부 분과 학문의 역사적 전개의 상이한 방향성으로 인해 다른 궤적을 밟으며 발전해 왔다. 고전문학의 경우, 『조선왕조실록』과 같이 주요 고문헌으로 인식된 자료들의 디지털화와 번역이 공공사업의 영역에서 일찌감치 시작되었다. 정본화를 마친 디지털 아카이브를 대상으로, 범주가 다른 정보(인물, 사건, 시간, 공간 등)를 찾아 수동으로 연계하는 방식(온톨로지)으로 그간 많은 연구가 이루어졌다.[1] 반면 근현대문학의 경우, 디지털화가 필요한 자료의 종류와 수가 많고(개화기 이후의 신문, 잡지를 포함하는 정기 간행물과 단행본 등) 식민지 검열 등으로 인해 파생된 정본화의 어려움 때문에 아날로그 텍스트의 디지털화는 상대적으로 더디게 진행되었다.[2] 이러한 이유로 근현대문학의 디지털 인문학 연구는, 출판 정보를 목록화하여 신문과 잡지에 의해 매개된 작가들의 관계를 파악하는 네트워크분석 혹은 군집분석으로부터 본격화되었다. 이와 더불어, 2000년대 초반부터 정부가 진행한 역사사료 디지털화 작업(한국

---

[1] 허경진, 구지현, 『조선시대 표류노드 시각망 연구일지』; 이재옥, 『조선시대 과거합격자의 디지털 아카이브와 인적 관계망』; 윤이후, 『윤이후의 지암일기』, 하영휘 외 역.

[2] 한국의 고전문학과 근현대문학에 있어 디지털 인문학의 비대칭적 발전은 다음의 논문을 참조. 이재연, 「디지털 시대의 인문학에서 디지털 인문학 시대로: 한국문학에서 본 디지털 인문학 연구」.

역사정보통합시스템 구축)[3]과 대학 연구소가 이끈 대규모 신문기사의 코퍼스 구축 작업[4] 등이 결실을 맺으며 어휘분석을 위한 전산적 기반이 만들어졌다.

네트워크분석과 관련하여 필자는, 1920년대 신문과 잡지 매체에 기고한 소설 데이터를 모아서 「작가, 매체, 네트워크」라는 논문을 발표했다.[5] 이후 KAIST의 전봉관, 김병준, 이원재 선생님들은 1990년대의 『창작과 비평』, 『문학과 사회』, 『문학동네』 등의 주요 문학동인지를 통해 등단한 작가와 비평가 집단의 관계를 네트워크로 조망하여 최근 문단의 지형도를 파악하였다.[6] 사회학에서 사용하는 네트워크분석은, 작가 집단 사이에서 쉽게 드러나지 않은 사회적 관계를 밝히는 데 유용하게 사용되었다. 이러한 측면에서 보면, 현대문학 연구자들 사이에서 이와 같은 네트워크분석을 아직 인지하지 못할 때 과학기술원에 있는 학자들은 이를 문학사 해석에 적용해 보는 새로운 시도를 하고 있었던 셈이다.

이 책의 2장은, 필자가 *Korea Journal*에 발표한 "A Diachronic Analysis of the Writers' Network in Korea, 1917-1927「한국 작가 네트워크의 통시적 분석, 1917-1927」"[7] 논문을 한국어로 번역한 것이다. 이 글은 근대문학 초창기에 등장했던 주요 동인 『창조』(1919-1921), 『폐허』(1922-1923), 『백조』(1924-1927)의 형성에 있어 여성 문인들의 위치와 역할을 재조명한다. 1920년대는 잡지나 신문과

한국역사정보통합시스템. http://www.koreanhistory.or.kr

김일환, 정유진, 강범모, 김흥규, 『'물결21' 코퍼스의 구축과 활용』.

이재연, 「작가, 매체, 네트워크 — 1920년대 소설계의 거시적 조망을 위한 시론」.

전봉관, 김병준, 이원재, 「문예지를 매개로 한 한국 소설가들의 사회적 지형: 1994~2014」; 전봉관, 김병준, 이원재, 「비평 언어의 변동: 문예지 비평 텍스트에 나타난 개념단어의 변동 양상, 1995~2015」.

Jae-Yon Lee. "Before and After the 'Age of Literary Coteries': A Diachronic Analysis of the Writers' Network in Korea, 1917-1927."

같은 정기 간행물을 통해 작가들이 집단적으로 문학계에 등장한 시기였다. 70-80년대 문학사는 이 작가들이 어떻게 동인이라는 제도적 시스템을 만들었는지에 초점을 맞추었다. 이 과정에서 작가의 나이, 성별, 고향, 출신 학교, 종교와 같은 문화자본의 역할이 강조되었지만, 한편 이와 같은 속성형 데이터로는 동인 내 소그룹, 동인과 동인의 관계, 또한 동인과 비동인의 상호작용과 같은 작가 집단의 관계론적 성격을 살펴볼 수 없었다. 이는 특히, 동인지의 수명이 짧은 탓에 한 문학 집단의 동인이 다른 매체를 통해 더 활발하게 창작 활동을 해 온 점을 고려해 보면 더욱 그러했다.

앞선 2014년 논문에서 필자는 1917-1927년 사이 신문과 잡지에 출간된 소설작품을 조사하여 1,019명의 작가, 4종의 신문, 87종의 잡지에 투고한 2,284개의 소설을 목록으로 만들었다. 이를 바탕으로 1920년대 작가-매체의 공시적 네트워크를 시각화하고 그 의미를 파악하였다. 이 책의 2장에서는, 같은 데이터를 활용하여 한국근대문학 초기에 등장한 3대 동인에 초점을 맞춰 이들의 관계를 통시적으로 분석하였다. 여기서 보이는 일련의 네트워크는 여성 문인들을 남성 동인의 지적 부속물로 취급했던 1920년대 당시의 시각과는 대조적으로, 여성 문인들이 남성 중심의 동인의 선역사pre-history로서 기능했음을 시사한다. 저자는 1910년대 후반 남녀 작가 모두가 거의 동시에 문학장에 등장했다는 점이 역사적 사실보다는 문학사회학의 질문으로서 다시 제기되어야 하며, 앞으로 여성 문인들이 신문과 잡지가 매개한 문학장에서 사라진 이유를 좀 더 면밀하게 살펴볼 이유가 있다고 주장한다.

이 책의 나머지 두 장은 현재 종합대학에서 진행되고 있는 디지털 인문학 수업 사례를 제시한다. 해외에서는 디지털 인문학을 기존의 학문

편제와 연결시키는 작업이 활발히 진행 중이며, 이에 관한 교수법 저서 들도 다수 편찬되고 있다. 아마존 웹사이트에 가서 간단하게 제목 검색 만 해 보아도 수종의 저서가 눈에 띈다. 디지털 인문학 교육에 관한 일 반적 사항을 담은 저서로 다음의 저서를 확인할 수 있다. *Debates in the Digital Humanities*『디지털 인문학 내 논쟁들』; *Digital Humanities Pedagogy: Practices, Principles, and Politics*『디지털 인문학 교수법: 실천, 원칙, 정치』; *Using Digital Humanities in the Classroom: A Practical Introduction for Teachers, Lecturers, and Students*『수 업에서 디지털 인문학 활용하기: 교사, 강사, 학생을 위한 실습과 소개』; *Quick Hits for Teaching with Digital Humanities: Successful Strategies from Award-Winning Teachers*『디지털 인문학으로 강의하기 위한 쉬운 팁: 우수 강의자들의 성공전략』.[8] 이와 더불어, 특정 분과학문에 서 디지털 인문학을 수용하고 교육에 반영한 사례도 찾아볼 수 있다. 19 세기 미국문학 강의를 위한 디지털 인문학 교수법은 *Teaching with Digital Humanities: Tools and Methods for Nineteenth-Century American Literature*『디지 털 인문학으로 강의하기: 19세기 미국문학을 위한 도구와 방법』, 예술 교육을 위한 디지털 인문학 적 교수법은 *Critical Digital Making in Art Education*『예술 교육 분야의 비판적 디지털 제 작』과 같은 교재들을 쉽게 찾을 수 있다.[9]

---

[8]   Matthew K. Gold & Lauren F. Klein, eds. *Debates in the Digital Humanities*; Brett D. Hirsch, ed. *Digital Humanities Pedagogy: Practices, Principles and Politics*; Claire Battershill & Shawna Ross. *Using Digital Humanities in the Classroom: A Practical Introduction for Teachers, Lecturers, and Students*; Christopher J. Young, Michael C. Morrone, Thomas C. Wilson & Emma A. Wilson, eds. *Quick Hits for Teaching with Digital Humanities: Successful Strategies from Award-Winning Teachers*.

[9]   Jennifer Travis & Jessica DeSpain. *Teaching with Digital Humanities: Tools and Methods for Nineteenth-Century American Literature*; Aaron D. Knochel, Christine Liao & Ryan M. Patton, eds. *Critical Digital Making in Art Education*.

2010년대 디지털 인문학에 관한 국내 연구가 본격적으로 등장하면서 한국의 대학들도 디지털 인문학을 고등교육 편제로 들여오고 있다. 좀 더 오래된 역사를 가진 한국학중앙연구원 인문정보학전공, 서울대 인문데이터과학 연계전공, 연세대 디지털 인문학 연계전공, 고려대 민족문화연구원 전자인문학센터, 이화여대 디지털 인문학 트랙, 아주대 디지털 휴머니티 트랙, 한림대 디지털 인문예술 전공 등 여러 학교에서 디지털 인문학의 학제화를 추진하고 있고 이러한 경향은 확산되는 추세다. 특히 성균관대 국문학과와 같이, 연계학문체계를 만들지 않고 BK⁺ 사업을 통해 국어국문학과 같은 학제 내부에 디지털 인문학 교육을 정착시키려는 시도들도 병행되고 있다. 이렇게 디지털 인문학에 대한 교육적 수요가 증가하고 있음에도 관련 교수법에 관한 논문이나 저서는 매우 드문 실정이다.

이와 같은 현실에서 김용수 선생님의 「디지털인문학과 영미문학교육: 4학기 동안의 실험」[10]이라는 논문은, 한국의 영미문학 교육에서 디지털 인문학을 수업에 들여온 다양한 시도를 기술하고 있기에 눈에 띤다. 이 글은 먼저 미국에서 진행했던 교육 사례를 소개한다. 조지아 공대Georgia Institute of Technology의 다매체 전자책e-book 만들기 작업은 디지털 문해력digital literacy의 향상에 초점을 맞춘 수업이고, 어휘분석을 통해 숨겨진 의미를 찾아내는 텍스트 마이닝text-mining 수업은 디지털 문해력이 분석으로 발전한 사례다. 디지털 도구를 활용하여 대학 간 문학 수업을 공유한 파격적 시도도 언급한다. 〈Looking for Whitman: The Poetry of Place in the Life and Work of Walt Whitman휘트먼을 찾아서: 월트 휘트먼의 삶과 작품에 나타난 장소의 시학〉이라는 프로젝트

10   김용수, 「디지털인문학과 영미문학교육: 4학기 동안의 실험」.

는, 미국에 있는 네 개의 대학이 시인 휘트먼의 삶과 그가 작성한 시와 관련이 있는 장소를 연구하는 문학 수업을 각각 개설하고 이를 네트워크로 연결, 공동 프로젝트를 진행한 교육적 실험이다. 각 수업의 수행 과정을 공동 웹사이트에서 발표하고 공유함으로써 수강자 사이에 적극적인 참여와 토론을 유도한 점은, 앞으로 5대 과학기술 특성화 대학이 디지털 인문학의 공동 수업을 개발할 때 벤치마킹할 만하다.

해외 사례를 참조하여, 김용수 선생님은 2015년 2학기부터 2017년 1학기까지 한림대학교의 〈미국문학입문〉, 〈영미문학과 영상〉, 〈영미 대중소설〉, 〈아동영문학과 디지털 매체〉, 〈세계영화와 예술〉 등의 수업을 통해 디지털 도구와 기술을 활용한 다양한 교육 실험을 진행했다. 이를 통해, 디지털 자료를 큐레이팅할 수 있는 웹페이지 제작, 셰익스피어를 주제로 한 온라인 잡지 디자인 및 제작, 기존의 영미소설을 새롭게 재해석한 대안소설 제작, 추리소설을 대상으로 한 어휘 빈도분석, 특정 작품과 관계된 시공간 정보를 활용한 타임라인의 시각화, 아동문학용 스마트폰 앱 만들기 등 다양한 창작과 분석 활동을 수행하였다. 2년이라는 짧은 시간에 얻은 성과로 상상하기 어려운 창의적 프로젝트들의 과정과 성과를 기술하고 있다.

본 저서의 마지막 장에서 권보연 선생님은 "인간 중심 혁신을 위한 〈인터랙티브 스토리텔링 디자인〉 교육 사례"를 소개한다. 이 수업은 2019-2020년 연세대 인문융합교육원에서 문과대학생들을 대상으로 개설하고 은행권청년창업재단이 후원한 수업이다. 인문학 교육의 전통적 틀에서 벗어나 산업현장을 경험하고 현장의 실무역량을 기르는, 이른바 기업연계형 프로젝트 기반 수업이기도 하다. 수업의 목표는, 디지털 기술과 인문학적 지식을 현실의 삶과 합치시켜서 "문화창의 산업현장에서 지속 가능한 혁신가치를 생산"하는 새로운 인재를 길러 내는 것이다. 이를 위해 강의자는 광의적 개념의 스토리텔링을 들여온다. 수업에서 지향하는 스토리텔링은, 서사학이나 수사학과 같은 인문학의 좁은 분과학문적 개념보다는 큰 것으로, 상황이나 맥락을 잘 모르는 대중의 생각과 행동을 발화자의 의도와 유사한 쪽으로 설득시키기 위해 사용하는 기법을 의미한다. 이론 학습, 특강, 챌린지, 최종 발표로 구성된 수업에서, 학생들은 인터랙티브 픽션 창작을 위한 이론 학습과 도구 실습을 수행하고, 스토리텔링 산업에서 종사하는 전문가의 이야기를 들으며, 유망 스타트업과 함께 스토리텔링 챌린지에 참여하고 그들의 프로젝트를 광고마케팅 커뮤니케이션 전문가로부터 피드백을 받는다. 이를 통해 잠재수요자를 설득시키는 기술과 산업현장에서 필요한 소통능력, 그리고 문화콘텐츠의 기획부터 개발, 발표에 이르는 공동 작업 경험을 얻을 수 있다. 이 스토리텔링 수업의 미덕은 교육과 현장을 연결하고 개발 아이디어와 창업을 잇는 과정을 설계한 점이다. UNIST 내의 다른 분과학문이 참여하여 창업으로 연결하는 프로젝트형 수업을 개발할 때 좋은 참조가 될 수 있다.

현재 UNIST 인문학부에서는 2021년 2학기에 두 가지 디지털 인문학 수업을 개설하기 위한 준비가 한창이다. 〈디지털 인문학 입문〉과 〈AI와 스토리텔링〉이 그 수업인데, 전자가 네트워크분석, 코퍼스분석, 워드 임베딩과 같은 디지털 인문학의 기본적 분석 방식에 초점을 맞춘 것이라면 후자는, 자연어 생성의 새로운 분야를 다룬다. 〈AI와 스토리텔링〉에서는 특히 학생들이 딥러닝 기반의 문장 생성 알고리즘을 적용하여 컴퓨터로 하여금 시조, 노래 가사, 대화(지문), 가능하면 단편소설까지 작성할 수 있도록 시도해 보려고 한다. UNIST의 AI+X 사업과 AI 연계 교과 개발 펀딩은 이와 같은 교육적 실험을 후원한다.

그렇다면 대용량 자료를 발굴하여 AI 코딩이나 기계학습같이 기술적으로 나아간 수업을 개발하는 것이 앞서 언급한, 섬같이 존재하는 과학기술 특성화 대학의 디지털 인문학 교육과 연구에 다리를 놓는 길일까? 그렇기도 하고 아니기도 하다. 10년 전만 해도 최첨단 기술의 집약이었던 스마트폰을 지금은 초등학생도 사용하는 것처럼 앞선 기술은 시간이 지나면 보편화된다. 과학기술 특성화 대학에서 개발하는, 전산도구와 기술을 응용한 인문학 교육은 시간이 지나면 종합대학에서도 보편화될 것이다. 이러한 의미에서 기술을 실제로 사용하는 입장에서 새롭게 바라보는 인문학 연구나 교육에 대한 정의는, 공학도들에게 공학이라는 자신의 터전에서 한발 더 나아가 인문학에 공헌하는 다리를 제공할 수 있을 듯싶다. 그렇지만 어떻게? 단지 복잡한 코딩을 수반하는 수업을 개설하는 것만으로 디지털 인문학적, 나아가 인문학 연구의 심도를 더할 수 있을까? 어떻게 디지털 인문학이 인문학적인 깊이를 깊게 할 것인가 하는 질문에는 그 깊이를 바라보는 패러다임 전환이 내포되어 있기에, 쉽게 대답을 구할 수 있는 질문은 아닌 듯싶다. 그저 독자들이 이 책을 읽고 미래의 인문학과 공학 사이에서 나타날 거대한 인식의 전환을 부분적으로나마 맛볼 수 있다면 편저자로서 더 이상 바랄 것이 없겠다.

사족처럼 덧붙이자면, 본서의 머리말을 쓰고 있는 사이 네이버에서 하이퍼클로바HyperClova를 출시하였다. 하이퍼클로바는 50년치의 뉴스, 네이버 블로그에 쌓이는 9년간의 데이터에 상당하는 한국어 데이터 5600억 토큰을 학습한 초거대규모 인공지능이다.[11] 이전보다 더욱 스마트해지고 자연스럽게 한국어 문장을 생성할 수 있는 이 인공지능은 현재 네이버의 검색, 대

화형 모델, AI 전화, AI 어시스턴트 등의 서비스에 활용되고 있고 그 활용도가 더 높아질 전망이다. 앞으로 텍스트 데이터뿐만 아니라 시각 및 동영상 자료도 학습하면, 미래의 AI 어시스턴트는 훨씬 더 창의적인 일을 할 수 있을 것이다. 예를 들어 모래사장 위에서 바다를 바라보는 혹은 혼잡한 버스 안에서 혼자만의 시간을 갖고 싶은 사용자의 기분에 맞게 음악을 자동생성해서 들려줄 수도 있을 것 같다. 스파이크 존즈Spike Jonze의 영화 〈그녀Her〉(2013)의 AI 어시스턴스 '사만다'가 실제로 구현되는 일은, 이제 시간문제가 아닐까? 이렇게 성큼 다가온 미래와 그 변화의 방향성을 적극적으로 탐색하기 위해서라도 인문학과 공학과의 소통과 연대는 더더욱 필요하다.

본서에 게재된 기발표 논문의 서지사항은 다음과 같다. 김용수의 「디지털인문학과 영미문학교육: 4학기 동안의 실험」, 이재연의 "Before and After the 'Age of Literary Coteries': A Diachronic Analysis of the Writers' Network in Korea, 1917-1927." 본서에 재수록을 허락해 주신 『영미문학교육』과 *Korea Journal* 관계자분들께 다시 한번 감사드린다. "A Diachronic Analysis" 논문을 한국어로 옮겨 주신 문병훈 선생님께도 감사드린다. 더불어, 디지털 인문학 워크숍 기획과 진행에 함께해 주신 UNIST 선생님들, 발표와 토론에 적극 참여해 주신 다른 학교 선생님들께도 고마움의 인사를 드린다. 기억에서 사라질 수도 있었던 워크숍의 흔적을 총서 형태로 간행하도록 주선해 주신 창의인문교육 및 연구센터의 전현직 센터장님과 운영위원님들께, 또 이를 총괄하여 지휘해 주신 윤정로 학부장님께도 심심한 감사를 드

---

11   NAVER CLOVA, 〈새로운 AI의 시작, HyperClova〉(2021.5.28.). https://www.youtube.com/watch?v=ObCGjY3bdms

린다. 본서 출판에 도움을 주신 이종웅, 선보민, 김용수, 권보연 선생님들께
도 다시 한번 고마움의 인사를 드린다.

2021년 9월

이재연

참고자료

김용수, 「디지털인문학과 영미문학교육: 4학기 동안의 실험」, 『영미문학교육』 21-2, 2017.

김일환, 정유진, 강범모, 김흥규, 『'물결21' 코퍼스의 구축과 활용』, 서울: 소명, 2013.

윤이후, 『윤이후의 지암일기』, 하영휘 외 역, 서울: 너머북스, 2020.

이재연, 「디지털 시대의 인문학에서 디지털 인문학 시대로: 한국문학에서 본 디지털 인문학 연구」, 『역사학보』 240, 2018.

_____, 「작가, 매체, 네트워크 -1920년대 소설계의 거시적 조망을 위한 시론-」, 『사이間SAI』 17, 2014.

_____. "Before and After the 'Age of Literary Coteries': A Diachronic Analysis of the Writers' Network in Korea, 1917-1927." *Korea Journal*, vol. 57, no. 2. 2017, pp.77-111.

이재옥, 『조선시대 과거합격자의 디지털 아카이브와 인적 관계망』, 파주: 보고사, 2018.

전봉관, 김병준, 이원재, 「문예지를 매개로 한 한국 소설가들의 사회적 지형: 1994~2014」, 『현대소설연구』 61, 2016.

_____, 「비평 언어의 변동: 문예지 비평 텍스트에 나타난 개념 단어의 변동 양상, 1995~2015」, 『현대문학의 연구』 61, 2016.

허경진, 구지현, 『조선시대 표류노드 시각망 연구일지』, 파주: 보고사, 2016.

Battershill, Claire & Shawna Ross. *Using Digital Humanities in the Classroom: A Practical Introduction for Teachers, Lecturers, and Students*, New York: Bloomsbury, 2017.

Gold, Matthew K. & Lauren F. Klein, eds. *Debates in the Digital Humanities*, Minneapolis: University of Minnesota Press, 2012.

Hirsch, Brett D., ed. *Digital Humanities Pedagogy: Practices, Principles and Politics*, Cambridge: Open Book Publishers, 2012.

Knochel, Aaron D., Christine Liao & Ryan M. Patton, eds. *Critical Digital Making in Art Education*, New York: Peter Lang Inc., 2020.

Travis, Jennifer & Jessica DeSpain. *Teaching with Digital Humanities: Tools and Methods for Nineteenth-Century American Literature*, Urbana Champaign: University of Illinois Press, 2018.

Young, Christopher J., Michael C. Morrone, Thomas C. Wilson & Emma A. Wilson, eds. *Quick Hits for Teaching with Digital Humanities: Successful Strategies from Award-Winning Teachers*, Bloomington: Indiana University Press, 2020.

| 2020 UNIST 디지털 인문학 워크숍 발표자 및 주제 |

1일차: 2020. 8. 21. (금)

일정		발표자 및 내용
1부: DH 연구 사회: 김정연 (UNIST 인문학부) (15:00~18:00)	15:00 ~15:15	[개회사] 김진영(UNIST 창의인문교육 및 연구센터장) [환영사] 윤정로(UNIST 인문학부 학부장)
	15:15 ~15:45	디지털 라키비움을 위한 심화 학습 기반 전통기록물 해독 – 이민호(경북대 전자공학부)
	15:45 ~16:15	인공지능 기반 고전문헌 자동번역의 기술적 측면과 사업 성과 및 가능성 – 선보민(한국고전번역원 고전정보센터), 이종웅 (RnDeep 수석연구원)
	16:15 ~16:45	상업영화에서 젠더 묘사의 편향성: 이미지 기반 정량분석 – 이병주(KAIST 문화기술대학원)
	16:45 ~17:15	무형유산의 디지털 기록: 기술과 문화적 해석의 통합적 접 근 – 박순철(전북대 컴퓨터공학과), 함한희(전북대 문화인류 학과)
	17:15 ~18:00	[토론] 권오상(UNIST 바이오메디컬공학과), 이재연 (UNIST 인문학부)

2일차: 2020. 8. 22. (토)

일정		발표 및 내용
2부: DH 교육 사회: 윤새라 (UNIST 인문학부) (9:00~11:45)	9:00 ~9:30	인문데이터과학 연계전공 사례 - 유현조(서울대 언어학과)
	9:30 ~10:00	디지털 인문학 학부교육 사례 - 김용수(한림대 영문학과)
	10:00 ~10:30	미디어학 영역에서의 디지털 융합교육 사례 - 정윤혁(고려대 미디어학부)
	10:30 ~11:00	스타트업 연계 프로젝트 수업 인터랙티브 스토리텔링 디자인 교과 운영 사례 - 권보연(연세대 인문융합교육원/플레이어블컨설팅)
	11:00 ~11:45	[토론] 김성필(UNIST 바이오메디컬공학과), 이주영(UNIST 인문학부)
	11:45 ~13:00	점심 및 휴식
3부: UNIST DH 교과개발 사회: 김진영 (UNIST 인문학부) (13:00~15:00)	13:00 ~13:30	UNIST 디지털 인문학 교과개발의 방향과 "디지털 인문학 입문" - 이재연(UNIST 인문학부)
	13:30 ~14:00	빅 에스노그라피(Big Ethnography)는 가능한가?: 융합 연구의 경험, 그리고 디지털 에스노그라피 방법론 과목 개발을 중심으로 - 최진숙(UNIST 인문학부), 곽영신(UNIST 바이오메디컬공학과)
	14:00 ~15:00	토론 및 피드백
	15:00 ~15:15	휴식
4부 사회: 이주영 (UNIST 인문학부) (15:15~16:15)	15:15 ~16:15	[종합토론] - 이태훈(연세대 미래캠퍼스 역사문화학과, HK+ 부단장) - 정유경(한남대학교 문헌정보학과)

| 발표 요약 |

● 이민호: 디지털 라키비움을 위한 심화 학습 기반 전통기록물 해독

초서체로 쓰인 전통 기록물인 고문서를 자동으로 해석할 수 있는 새로운 인공지능 기술을 소개한다. 초서 문자의 자동 검출, 인식과 번역을 위한 새로운 인공지능 모델과 개발된 학습 알고리즘을 소개하고, 일반인들이 쉽게 접근할 수 있는 디지털 라키비움 플랫폼을 소개한다.

● 이종웅, 선보민: 인공지능 기반 고전문헌 자동번역의 기술적 측면과 사업 성과 및 가능성

본 발표에서 자동번역 기술의 변화 중 기계학습 분야에서 눈부신 활약을 펼치고 있는 첨단 기술 —딥러닝 기술— 을 적용한 자동번역의 작동 원리 및 기술 동향을 소개하고, 딥러닝 기술을 이용해 한국 고전문헌을 번역할 방안을 제시하고자 한다. 아울러 인공지능에 기반을 둔 고전문헌 자동번역 시스템을 위한 ICT 공공사업이 지난 3개년 동안 이룩해 온 성과를 공유하며 향후 발전 가능성을 살펴보고자 한다.

● 이병주: 상업영화에서 젠더 묘사의 편향성 – 이미지 기반 정량분석

인공 시각지각 기술을 활용하여 상업영화 내에서 여성과 남성이 시각적으로 어떻게 다르게 묘사되는지 정량적으로 분석하였다. 결과적으로 우리는 여성과 남성이 영화 내에서 묘사되는 방식에 있어 유의미한 차이를 발견하였다. 또한 벡델 테스트 통과 여부와 영화가 제작된 지역에 따라 묘사

편향의 경향이 달라짐을 발견하였다.

● 박순철, 함한희: 무형유산의 디지털 기록: 기술과 문화적 해석의 통합적 접근

무형유산의 특성상 디지털 기록이 필수적이다. 디지털 기술에 의존해서 무형유산을 기록하여 보관·활용할 때 IT와 인문학의 통합적 관점이 요구된다. IT를 이용한 자동분석 기술의 개발, 다층적 분석의 의미추적을 위해서 문화적 해석과 번역의 필요성을 강조한다. 이 융합 연구의 궁극적인 목적은 무형유산의 맥락적·심층적 이해를 확대하기 위한 것이다.

● 유현조: 인문데이터과학 연계전공 사례

서울대학교 인문대학에서는 2015년부터 대학인문역량강화사업CORE의 일환으로 언어학과 주관으로 인문데이터과학 연계전공을 개설하였다. 자체적으로 개론 필수 강좌를 제공하고 인문대, 사회대, 자연대, 공대의 여러 학과의 교수진이 인문 콘텐츠 영역과 처리 및 실험 영역의 교육에 참여하고 있다. 매년 30여 명이 연계전공에 진입하고 있으며 인문사회계열 학생뿐만 아니라 이공계와 예술계를 아우르는 다양한 주전공의 학생들의 참여가 해마다 활성화되고 있다.

● 김용수: 디지털 인문학 학부교육 사례

디지털 인문학의 내용과 방법론을 실제 한국 대학의 학부 교육에 적용하여 운영해 온 경험을 공유한다. 특히 전통적인 인문학인 영어영문학과 교육과정에 부분적으로 도입한 과정, 그리고 '디지털 인문예술'이라는 독립적

인 융합전공을 설립하고 운영한 과정의 성과와 한계 등을 제시한다.

● 정윤혁: 미디어학 영역에서의 디지털 융합교육 사례

본 발표에서는 지능정보사회에서 미디어 생태계의 변화에 따른 미디어 교육의 진화를 고려대학교 미디어학부의 혁신 사례를 중심으로 소개하고 자 한다.

● 권보연: 스타트업 연계 프로젝트 수업 인터랙티브 스토리텔링 디자인 교과 운영 사례

이야기를 쓰기/읽기의 대상에서 새로운 인간 경험을 유도하는 디자인/ 놀이 대상으로 재인식하고, 스토리텔링 이론을 실제 산업과 사회 혁신 활 동에 적용하는 스타트업 연계 Real World 프로젝트 수업 사례를 통해 인문 융합 교육의 가능성과 한계를 함께 살펴본다.

● 이재연: UNIST 디지털 인문학 교과개발의 방향과 "디지털 인문학 입문"

과학기술 특성화 대학 내에서 추구할 수 있는 디지털 인문학 교과는 어 떠한 모습일까? 본 발표에서는 UNIST에서 시도해 볼 만한 디지털 인문학 교육 분야를 크게 네 범주로 나누어 살펴보고, 기초과목으로서 "디지털 인 문학 입문" 수업이 담아야 할 내용에 관해 고민해 보고자 한다.

● 최진숙, 곽영신: 빅 에스노그라피Big Ethnography는 가능한가?: 융합 연구의 경험, 그리고 디지털 에스노그라피 방법론 과목 개발을 중심으로

본 발표에서 발표자들은 '호모 루멘스Homo Lumens'라는 공동 융합 연구

의 경험을 바탕으로, 조명에 관련된 사용자 경험 연구 방법론의 한계를 짚어 보고, 최근 마케팅 분야에서 활용하고 있는 '디지털 에스노그라피digital ethnography'라는 연구 방법론의 가능성을 논의하고자 한다. 이를 통해 에스노그라피 및 빅데이터 연구 방법론을 적용하여 소규모 현상에 대한 맥락적 이해와 거대 규모의 트렌드를 모두 수집, 분석할 수 있는지를 검토하고자 한다. 더 나아가, 연구만이 아니라 융합적 교과목 개발에도 유용할 수 있을지 그 가능성을 모색한다.

Chapter 1.

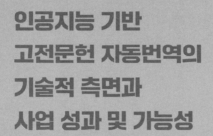

인공지능 기반
고전문헌 자동번역의
기술적 측면과
사업 성과 및 가능성

이종웅
델타엑스 수석 연구원

선보민
한국고전번역원 고전정보센터

여는 말

인공지능^AI 기술은 산업 구조를 본격적으로 바꿀 시대의 게임 체인저[1]로 자리 잡았다. 손정의 소프트뱅크 회장[2]은 문재인 대통령과의 접견 자리에서 "한국이 교육, 정책, 투자, 예산 등의 분야에서 인공지능 개발에 더욱 집중해야 하며, 인공지능은 인류 역사상 최대 수준의 혁명을 불러올 것"이라고 밝힌 바 있다. 인공지능 기술은 4차 산업의 핵심 기술로서 챗봇, 얼굴 인식, 음성 인식 등 다양한 분야에서 산업 전반의 패러다임을 변화시키는 데 앞장서고 있다.

딥러닝 기술의 눈부신 활약으로 자동번역을 포함한 자연어 처리 분야 역시 비약적인 성과를 거두었다. 자동번역 기술은 컴퓨터를 이용하여 하나의 언어로 작성된 텍스트를 다른 언어로 변환하는 기술을 이른다.

초기 자동번역 기술은 언어학자가 개발한 변환 문법 패턴을 차용한 기술이었다. 변환 문법 패턴을 이용할 경우, 문장을 번역하는 데 오랜 시간이 소

---

1   판을 뒤흔들어 시장의 흐름을 통째로 바꾸거나 어떤 일의 결과나 흐름 및 판도를 뒤집어 놓을 만한 결정적인 역할을 한 사건, 사람, 서비스, 제품.

2   손정의(Son Masayoshi): 세계적 혁신 기업가, 1999년 미국 『비즈니스위크』지 '인터넷 시대를 주도하는 25인', 1998년 미국 『타임』지 '가장 영향력 있는 인물 50명' 선정.

요되었다. 더욱이 번역하고자 하는 문장을 문법 패턴에 등록해야만 자동으로 번역할 수 있었으므로, 문법 패턴에 등록하지 않은 문장은 번역 자체가 불가능했다. 장문을 번역할 때에는 자동번역의 성능이 두드러지게 저하된다는 점 또한 쉽사리 간과하기 어려운 문제였다. 결국 변환 문법 패턴을 이용한 규칙 기반 자동번역 기술은 상용화에 분명한 한계점을 안고 있었다.

한편, 구글 자동번역 기술인 GNMT(Google's Neural Machine Translation)는 2016년 개선된 딥러닝 알고리즘을 토대로 개발되었다. GNMT를 맞닥뜨린 번역 업계는 커다란 충격에 휩싸였다. GNMT가 기존 번역 기술의 성능을 55-85% 이상 개선할 만큼 혁신적인 기술이었기 때문이다. 현재 구글을 비롯하여 마이크로소프트, 페이스북, 아마존, 바이두, 얀텍스 등 세계 각지의 주요 포털 및 플랫폼에서 개발한 자동번역 결과가 전문 번역가를 압도하는 수준에 이르렀다.

구글 자동번역은 고전 라틴어의 번역 서비스를 제공하고 있지만, 동양 고전의 문언문文言文 번역이나 한국 고전의 번역은 제공하고 있지 않다. 중국의 검색 포털인 바이두 역시 마찬가지이다. 바이두에서는 중국 고전을 현대 중국어로 번역하는 서비스를 제공하고 있지만, 한국 고전을 번역하는 서비스는 제공하고 있지 않다. 따라서, 2017년부터 2019년까지 3개년 동안 수행한 한국고전번역원의 인공지능 자동번역 시스템 관련 사업[3]은 한국 고전을 계승할 번역 기술로서 그 가능성이 무궁무진하다고 말할 수 있을 것

---

3   한국고전번역원은 2017년 6월 ICT 공공서비스 촉진 사업 〈인공지능 기반 고전문헌 자동번역 시스템 구축사업〉을 착수하였고, 2018년 〈인공지능 기반 고전문헌 자동번역 시스템 고도화사업〉과 2019년 〈클라우드 기반 고전문헌 자동번역 확산 서비스 구축사업〉으로 연속 사업을 수행하였다.

이다.

　여기에서는 자동번역 기술의 변화 중 기계학습 분야에서 눈부신 활약을 펼치고 있는 딥러닝 기술을 적용한 자동번역의 작동 원리 및 기술 동향을 소개하고, 딥러닝 기술을 이용해 한국 고전문헌을 번역할 방안을 제시하고자 한다. 아울러 인공지능 기반 고전문헌 자동번역 시스템을 위한 ICT 공공사업이 지난 3개년 동안 이룩해 온 성과를 공유하며 향후 발전 가능성을 살펴보고자 한다. 고전문헌 자동번역 시스템은 한국 고전을 대중에게 공개하고, 널리 알리는 데 중요한 발판이 될 것이다.

1. 인공지능과 자동번역 기술

1) 자동번역 기술의 변화

  일상생활에서 의사소통을 위해 사용하는 언어 구조의 체계를 자연어自然語라 한다. IT 분야에서는 C, JAVA, PYTHON 등 프로그래밍을 위한 인공어人工語를 자연어와 구분하여 사용하고 있다. 자연어 처리(NLP: Natural Language Processing)는 사람이 일상적으로 사용하는 언어 구조를 컴퓨터에서 처리하는 연구 분야이다. 자연어 처리 분야는 언어학, 뇌과학, 전산학을 융합한 연구를 통해 컴퓨터가 사람의 언어를 분석하고 이해하도록 개발하고 있다. 이처럼 자동번역 기술은 언어학적 지식 기반의 자동번역에서 통계적인 모델링을 통한 기계학습으로 변화하는 추세이다. 자연어 처리는 자동번역, 대화 시스템, 정보 검색 등의 분야로 세분된다. 그중 자동번역은 하나의 언어로 작성한 텍스트를 다른 언어로 자동 변환하는 기술이다.

  자동번역 기술은 워런 위버Warren Weaver가 1949년 처음으로 제안한 기술이다. 워런 위버는 냉전 시대의 IBM에서 군사적인 목적으로 러시아어-영어 번역 모델(1954)을 개발하여, 러시아어 문장 49개를 영어 문장으로 번역하는 자동번역 데모를 선보였다. 그러나 학계에서는 자동번역의 연구 개

그림 1 | 자동번역 기술의 변화

발이 1950년대 말부터 본격적으로 시작되었다고 보는 것이 일반적이다. 이 시기에는 자연어 처리를 포함한 언어 이론이 미숙한 단계에 머물렀으므로, 인간이 직접 규칙을 지정하는 방식으로 규칙 기반 자동번역(RBMT: Rule-Based Machine Translation)을 개발했다.

규칙 기반 자동번역RBMT은 대역어 사전과 대역어 간의 변환 가능한 언어학적 문법 패턴을 적용하여 번역하는 방법이다. 언어학적 규칙에 맞는 문장을 RBMT에 대입할 경우에는 번역의 정확성이 높다는 장점이 있으나, 언어별 확장 및 개발에 많은 시간이 소요되고, 번역 성능이 떨어진다는 한계가 있다. 규칙 기반 자동번역에는 다양한 형태의 구句 구조 및 문법에 대한 법칙이 정의된 '출발어 사전'과 '도착어 사전' 그리고 출발어-도착어에 맞게 변환하는 '변환 사전'이 필요하다. 대용량의 병렬 데이터가 없어도 번역을 수행할 수 있고 번역 속도가 매우 빠르나, 사전의 등록어에 따라 번역 품질에 한계가 생긴다. 따라서 번역 결과를 통제하고, 그 원인을 확인하는 분야에 적용하는 것은 적합하지만, 언어쌍 간에 문법 변환이 어려운 경우에는 RBMT를 적용하기 어렵다.

자동번역 발전 시대에도 '인공지능의 겨울'이라 일컫는 암흑기가 있었다. 실제로 구현할 수 있는 것보다 호화로운 청사진을 그렸으나, 인공지능 전문가가 눈앞에 있는 복잡한 문제를 해결하는 데 실패했기 때문이다. 1966년 ALPAC 보고서의 발표로 인하여, 자동번역 연구에도 제동이 걸렸다. ALPAC 보고서는 "자동번역의 개발에 막대한 비용이 소요되고, 번역의 정확도를 단기간 내에 향상하기 어렵다"고 주장했다. ALPAC 보고서의 발표 결과, 자동번역의 연구 기금이 중단되었다.

이후 1970-80년대에는 특허 번역 등 특정 도메인 위주로 자동번역이 적용되었으며, 이는 자연어 처리 기초 연구에 많은 영향을 주었다. 1980년대 초반, 예제를 기반으로 비슷한 문장을 분석하여 자동번역을 시도했지만, 이러한 번역 방식은 긴 문장을 번역하는 데에 활용하기 어려웠다. 한계를 극복하기 위해 등장한 것이 통계 기반 자동번역이다. IBM 왓슨 연구 센터는 확률에 대한 계산만으로 자동번역이 가능하도록 했다. 통계 기반 자동번역(SMT: Statistical Machine Translation)은 정보 이론, 확률 이론에 근거하여 기계학습을 바탕으로 둔 번역 기술로 원문과 번역문이 함께 있는 대용량 병렬 코퍼스parallel corpus[4]에서 확률값을 추출하여 통계적으로 규칙을 모델링하고 번역한다.

최근 개발된 인공신경망 자동번역(NMT: Neural Machine Translation) 기술은 수집된 병렬 코퍼스를 활용하여 통계 기반으로 기계학습 하는 방법이 SMT와 동일하지만, 문장 전체의 문맥을 파악할 수 있도록 전체 문장을 벡터로

---

4   병렬 코퍼스(병렬 말뭉치)는 서로 다른 언어를 원문과 번역문으로 구분하고, 문장 대 문장 혹은 문단 대 문단으로 쌍을 구축한 형태를 이른다. 병렬 코퍼스는 자동번역의 학습 데이터로 활용된다.

부호화하여 심층 인공신경망을 통해 문장의 특징을 스스로 찾도록 설계되어 있다. 이로써 NMT는 SMT보다 더 정확하고 유창한 번역 성능을 낼 수 있게 되었다. 2016년 9월 27일 구글 리서치의 보도에 따르면, "NMT 번역 기술을 기존 통계 기반 번역기와 비교했을 때, NMT 번역 기술의 성능이 대부분의 언어 쌍에서 더 우수하며 영어-프랑스어 번역에서는 거의 전문 번역가의 수준까지 이르렀다"고 평가했다.[5]

2) 인공신경망 기반 자동번역의 작동 원리

인공신경망 자동번역NMT은 서로 다른 언어의 문장 예제로부터 일반적인 번역을 학습할 수 있는 메모리의 제안으로 시작되었다. 인공신경망 자동번역은 종단 간 학습end-to-end[6] 방식으로 이루어진다. 인공신경망 기반의 자동번역은 중간에 다른 절차를 별도로 처리하지 않아도 전체 구조를 파악할 수 있으며, 연속적이고 통합적인 추론을 통해 번역을 진행하기 때문에 원거리 의존 관계로 인한 문제를 줄일 수 있다. NMT는 인공신경망을 이용하여 최적화된 번역 결과를 출력한다. 기계학습 과정에서 인공지능이 학습할 신경망 네트워크의 구조만 결정하면, 병렬 코퍼스 데이터를 기반으로 번역에 필요한 정보들을 자동으로 학습하는 덕택이다.

앞서 살펴본 대로 NMT는 통계 기반 모델에 비해서 단순하면서도 범용

---

5   Quoc V. Le & Mike Schuster. "A Neural Network for Machine Translation, at Production Scale." https://ai.googleblog.com/2016/09/a-neural-network-for-machine.html

6   종단 간 학습은 인공신경망을 통해 획득한 매개변수를 활용하여 해당 문장에 대응하는 최적의 번역문을 통째로 생성해 내는 과정이다.

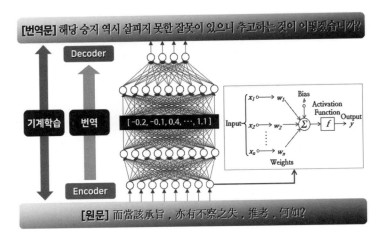

[번역문] 해당 승지 역시 살피지 못한 잘못이 있으니 추고하는 것이 어떻겠습니까?

[원문] 而當該承旨 , 亦有不察之失 , 推考 , 何如?

그림 2 | 인공신경망 기반의 자동번역 개념도

적인 성능을 낸다. 이는 NMT가 [그림 2]에서와 같이 인코더encoder와 디코더decoder 모델에 기반하기 때문이다. 인코더는 입력한 문장의 특징을 추출하기 위해 정보를 추상화해 학습하고, 디코더는 추상화한 정보를 번역어로 복원·생성한다. 수학적 모델링을 통해 원문을 고정길이 벡터로 인코딩한 다음 그 벡터를 번역문으로 디코딩하여 기계학습 하는 방식이다. 기본확률 모델과 달리 단어와 문자를 고차원 벡터로 표현하고, 문장을 구성하는 단어 벡터 간의 연산을 통해 의미적인 유사 어휘를 분류하는 과정을 거쳐 번역을 수행한다. 때문에 언어적 특성을 추가로 분석하지 않더라도 인공지능이 학습할 신경망 구조만 결정하면, 종단 간 기계학습을 통해 원문-번역문 간의 학습을 직접 수행할 수 있다. 경우에 따라 품사 및 구문, 더 나아가 단어의 의미 정보를 추가 인코딩할 수 있다. 규칙 기반의 간접적 번역 방식이 출발 언어에서 중간 언어7를 통해 다른 언어로 변환했던 것에 반해,

NMT는 수학적인 모델링을 통해 번역문을 표현하고, 이를 다시 도착 언어로 변환하는 방식을 취하고 있다.

3) 인공지능 자동번역 기술의 동향

① 주요 인공신경망 자동번역 기술

a. 순환신경망 기반의 자동번역

순환신경망(RNN: Recurrent Neural Network)이란 순차적인 정보를 처리하기 위해 순환 구조를 가지는 인공신경망의 한 종류이다. 순환신경망은 시계열 또는 순서가 있는 일련의 단어 단위 처리에 적합한 방법으로서, 입력 단위를 하나씩 처리하여 이전 단어가 다음 단어의 생성에 영향을 주는 방식으로 문맥 정보를 학습하도록 설계되어 있다. 한 번에 한 단위씩 읽은 입력 시퀀스sequence 정보를 벡터 표현vector representation으로 인코딩하고, 이후 여러 단계를 거쳐 각 단위의 출력 시퀀스 생성을 위한 의사 결정을 하게 된다. 이때 긴 문장의 학습이 어려워지는 문제는 장단기 메모리(LSTM: Long Short-Term Memory)[8] 기술을 사용하여 일부 해결이 가능하지만, 학습 문장 길이에 대한 근본적 제약은 여전히 남아 있다. 더욱이 RNN은 단어열의 순서에 의존해 번역이 진행되기 때문에 번역을 병렬로 처리하기 용이하지 않았다.

---

7   규칙 기반 자동번역으로 다국어를 번역할 때에는 중간 언어 자동번역 방식을 취하였다. 각각의 언어마다 언어 규칙과 변환 문법을 별도로 적용해야 하는 번거로움을 줄이기 위해 효과적인 번역 방법을 사용한 셈이다. 규칙 기반 자동번역을 이용해, 개별 언어에서 중간 언어로 매핑(mapping)하면 목표 언어를 생성하는 통합 구조로 모델을 구현할 수 있었다.

8   장단기 메모리는 여러 개의 게이트를 통해 입력과 출력을 조절하는 메모리 셀 구조를 갖는 학습 알고리즘이다. 순환신경망 학습 도중 과거의 학습 정보가 소실되는 문제를 해결하기 위해 고안되었다.

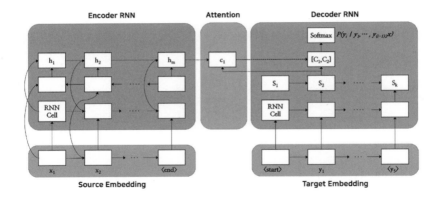

그림 3 | 구글 순환신경망GNMT 기반의 자동번역 구조

b. 합성곱신경망 기반의 자동번역

지도 학습 기반의 자동번역 기술에서 순환신경망RNN이 정석처럼 사용되고 있지만, 컴퓨터 영상 처리 분야에서는 합성곱신경망(CNN: Convolutional Neural Network)이 탁월한 성능을 드러내고 있다. 합성곱신경망은 데이터의 특징을 자동으로 추출하는 다층신경망 구조 중 하나로, 디지털 신호 처리에서 사용하는 콘볼루션 기법을 인공신경망에 적용한 기술이다.

CNN 기술은 영상 처리를 위해 고안되었지만 자연어 처리, 특히 자동번역에도 적용되었다. 2017년 5월, 페이스북은 자동번역기의 전체 구조에서 합성곱신경망 기술을 적용한 ConvS2S를 발표했다. ConvS2S는 기존 구글 순환신경망 자동번역에 비해 속도가 9배 이상 빨랐고, 정확도 역시 높았다.[9] 구글 브레인팀은 거의 동일한 시기에 유사한 위치 정보가 들어 있는

---

9   페이스북의 FAIR팀에서 합성곱신경망 기반 자동번역 모델을 공개하였다. CNN으로 시퀀스를 처

CNN 기반 자동번역 SliceNet을 발표했다.[10] CNN은 RNN에 비해 네트워크의 연결 관계가 희소하고 가중치를 공유하도록 설계되어 있다. 입력하는 단어 벡터에 위치 정보를 부가함으로써 시계열로 처리할 필요가 없어졌고, 병렬 분산 구조를 자체적으로 가지고 있어 특징을 추출하는 각 레이어 간에 간접적인 영향만을 준다. 이로써 합성곱신경망 번역 기술은 전체 문장을 한번에 조망하고, 문장 구성 요소의 특징을 강력하게 추출할 수 있게 되었다. 기계학습과 자동번역을 수행할 때, 합성곱신경망 번역 기술을 이용하면 순환신경망 번역 기술을 이용할 때보다 계산 복잡도가 현저히 낮아지고 성능은 향상된다.

c. 셀프 어텐션 메커니즘 기반의 자동번역

구글은 2017년 6월에 트랜스포머Transformer라는 새로운 구조의 자동번역 기술을 공개했다. 트랜스포머 딥러닝 번역 기술은 높은 정밀도와 적은 연산으로 CNN 기반 자동번역의 성능을 능가했다.[11] 자연어 처리 연구자들은 기존 딥러닝의 양대 알고리즘이었던 순환신경망과 합성곱신경망 구조를 무너뜨리고 새로이 등장한 어텐션 메커니즘Attention Mechanism에 주목하고 있다.

어텐션 메커니즘은 주요 데이터에 강한 임팩트를 가지고, 해당 영역을

리하는 방식으로, 자동번역 성능을 현저히 향상시킨 모델이다. 모델 및 소스코드는 다음 링크 참조. https://github.com/facebookresearch/fairseq

10   Łukasz Kaiser. "Accelerating Deep Learning Research with the Tensor2Tensor Library." https://ai.googleblog.com/2017/06/accelerating-deep-learning-research.html

11   Jakob Uszkoreit. "Transformer: A Novel Neural Network Architecture for Language Understanding." https://ai.googleblog.com/2017/08/transformer-novel-neural-network.html

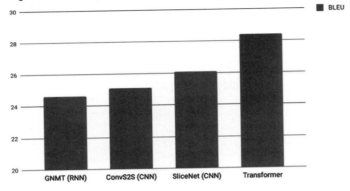

English German Translation quality

그림 4 | 영어-프랑스어/독일어 자동번역 알고리즘 성능 비교(구글 AI 블로그, 2017년 8월 31일)

검출한다. 어텐션 메커니즘은 순환신경망 자동번역에서 처음 적용되었으며, 이후 신경망 번역에서 길이가 긴 문장의 번역 성능을 향상시키기 위한 방법으로 주로 사용되고 있다. 기존 번역 구조는 입력 길이에 상관없이 고정된 벡터로 인코딩하기 때문에 병목 현상이 자주 발생하는 것은 물론, 해당 작업과 관련 없는 정보까지 인코딩해야 하는 문제점이 있었다. 그러나 어텐션 메커니즘은 입력한 문장에서 자동번역 모델이 집중해야 하는 부분에만 어텐션 가중치가 높아지도록 설계함으로써 장문 번역 시 모델 성능을 향상시켰다.

자동번역 모델에서 어텐션 메커니즘은 원문과 번역문 간의 단어 연관성을 찾는 데 사용되었다. 반면, 트랜스포머 번역 엔진에 도입된 셀프 어텐션 메커니즘Self-Attention Mechanism은 각 문장의 내부 요소 간의 상관관계를 단어별로 학습하여 함축하고 어휘의 모호성을 해결한다. 구글 리서치가 [그림

4]에서 공개한 대로, 트랜스포머 번역 기술은 영어-독일어 및 영어-프랑스어 자동번역의 결과에 대한 유사도 평가 지표BLEU에서[12] 가장 높은 점수를 기록했다. 구글에 따르면, "신경망 아키텍처인 트랜스포머의 경우, 학습에 필요한 계산량이 다른 신경망보다 압도적으로 적기 때문에 언어 이해 작업에 더 뛰어나다." 구글은 이어서, "트랜스포머 구조를 변형한 알고리즘이 계산 성능이나 번역 정밀도가 높아 여전히 상용 번역 엔진에 적용되고 있다"고 밝혔다.

② 자동번역 기술의 연구 동향
a. 비지도/준지도 학습 기반의 자동번역

비지도 학습unsupervised learning[13]은 데이터에 내재된 구조를 파악하여 새로운 정보를 발견하는 방법론이다. 자동번역에서 비지도 학습을 이용할 경우, 각 언어별로 대량의 단일어 코퍼스를 기반으로 자동번역 모델을 생성할 수 있다. 원문과 번역문의 단일어 코퍼스 데이터를 이용하여 잠재 공간latent space[14]을 학습하고, 공유된 특징 공간feature space[15]을 재구성하는 방식으로 자동번역을 수행하기 때문이다. 비지도 학습은 기계학습 과업에서 특히

---

12   BLEU(Bilingual Evaluation Understudy) 평가는 자동번역의 품질을 평가하는 측정 지표이다. 자동번역문과 휴먼번역문의 유사도를 N-gram 단위로 측정하여 평가 점수를 산출한다.

13   비지도 학습은 기계학습의 주요 범주 중 하나이다. 정답 레이블 정보 없이 입력 데이터 자체만 학습하는 것이 지도 학습과의 차이점이다.

14   잠재 변수는 관측 변수가 아닌 숨겨진 변수이다. 데이터에 직접적으로 나타나지는 않지만, 현재 데이터 분포를 만드는 데 상당한 영향을 끼친다. 잠재 변수를 통해 데이터의 유사점을 파악하거나 군집을 이루도록 하여 데이터를 용이하게 다룰 수 있다. 잠재 변수를 이용해 유사한 데이터를 생성하는 것 역시 가능하다.

15   특징 공간은 데이터의 관측값이 있는 벡터 공간을 의미한다. 특징 공간은 여러 차원으로 구성될 수 있으며, 특징 공간에 존재하는 데이터는 그 특성이 유사하다고 받아들여진다.

군집화, 확률밀도 추정, 공간 변환, 특징 추출, 차원 축소 등의 분야에 활용되고 있다.

지도 학습의 강점을 비지도 학습에 활용하는 준지도 학습semi-supervised learning 방법으로, 생성 대립 네트워크(GAN: Generative Adversarial Network) 기술을 자동번역에 적용한 연구가 있다. GAN은 생성자 네트워크와 판별자 네트워크가 서로 경쟁하는 과정에서 실제에 가까운 데이터의 확률 분포를 추정하는 생성 모델generative model이다. GAN 기반의 자동번역 모델은 자동번역 결과를 생성하는 생성자 네트워크와 이를 구별하는 판별자 네트워크로 구성된다. 생성자 네트워크는 자동번역 모델을 학습하여 판별자 네트워크를 속일 수 있도록 고품질의 번역 결과를 생성한다. 생성자 네트워크와 판별자 네트워크가 일종의 경쟁 관계를 맺고 있는 셈이다. 페이스북이 "원문과 번역문에 대한 다국어 워드 임베딩 기술[16]과 GAN 기술을 적용한 자동번역 기술[17]"을 공개하기도 했을 만큼, 딥러닝 분야는 GAN 기술을 활발히 연구 중이다.

b. 강화학습 기반의 자동번역

강화학습reinforcement learning은 구글 딥마인드가 알파고와 심층 강화학습 DQN 등을 통해 대중에게 선보이면서 차세대 기계학습 알고리즘으로 인기를 얻었다. 특히 심층 강화학습은 2015년 『네이처』 저널에 아타리 게임을

---

[16] 다국어 워드 임베딩은 단어를 고차원 벡터 공간에 표현하는 방법을 사용하여 다국어를 번역할 때에도 상관성이 높은 단어일수록 근접한 거리에 있도록 학습하는 기술이다.

[17] 페이스북 리서치는 GAN 기술과 다국어 워드 임베딩을 기반으로 학습된 워드 임베딩을 접목하여 비지도 학습 기반 자동번역 모델을 공개했다. https://github.com/facebookresearch/UnsupervisedMT

스스로 학습하는 인공지능으로 소개되기도 했다. 강화학습이란, 기계(에이전트)가 스스로 환경과 상호작용하면서 학습하는 방법론이다. 기계는 마치 사람처럼 시행착오를 통해 학습하고, 행동에 대한 최대의 보상을 얻기 위해 최적의 정책을 찾는다.

　강화학습은 현재 로봇 산업과 자율 주행 등 제어 기술 분야에서 핵심 알고리즘으로 응용되고 있다. 구글은 GNMT에 순환신경망을 이용한 지도학습 외에 강화학습 또한 적용하였다. 강화학습에 사용하는 보상 기댓값으로 문장 단위 자동번역 결과와 정답 번역을 비교하여 평가 지표 점수로 환산해 사용하도록 하였다. 구글은 GNMT의 성능 튜닝 시, 강화학습을 통해 성능을 부분적으로 향상할 수 있었다고 발표했다. 기존 번역 모델이 휴먼 번역 데이터에 의존해 번역하는 반면 재학습 방법론은 기계학습 결과에 자체적으로 피드백을 적용한다. 때문에 자동번역이 점진적으로 성능을 개선하기 위해서는 강화학습 기반의 자동번역을 이용하는 것이 효과적이다. 강화학습 기반의 자동번역 모델은 번역가의 피드백을 자체적으로 기존 번역 모델에 반영하여 번역 결과를 개선할 수 있다. 이러한 목적으로 구글 및 페이스북은 신경망 번역 결과에 대한 피드백을 반영하는 인터페이스를 제공하여 전문 번역가의 피드백 데이터를 수집하고 있다.

c. 멀티모달, 다중언어 기반의 자동번역

　언어 지능은 읽기와 쓰기, 듣기와 말하기 외에도 다양한 수단을 포함한다. 사람 간의 의사소통 과정에서 주고받는 것은 비단 음성 언어만이 아니다. 화자는 대화 시 언어적 요소 외에도 표정, 제스처, 입술의 모양 등 비언어적 요소를 함께 전달하게 되는데, 이로써 청자는 정보의 모호성 없이 화자의 메시지를 파악하게 된다.

　의사소통의 메커니즘을 자동번역에 적용해 보자. 단순히 텍스트 정보만 번역하는 것보다 음성 및 이미지 정보까지 포함하여 번역한다면 언어의 소통이 더욱 명확해질 것이다. 이러한 음성, 영상, 텍스트 등 다양한 정보 표현 형태를 멀티모달Multi-Modal이라고 통칭한다. 이때 개별 기계학습 태스크로부터 얻어지는 벡터 표현이 의미하는 특징 공간이 유사하다는 가정하에 이 잠재 변수latent variable를 공유하는 방식으로 학습한다면 일반화 성능의 향상을 기대할 수 있다.

　다중언어multi-lingual 자동번역은 다수의 병렬 코퍼스를 하나로 모아 학습하는 방식으로, 영어-프랑스어, 영어-스페인어, 영어-독일어, 영어-포르투갈어 등 다양한 언어의 병렬 코퍼스를 하나로 합쳐 학습하도록 설계되었다. 이처럼 언어 종류가 다른 병렬 코퍼스를 심층 신경망으로 학습하면, 언어의 보편적인 구조와 의미 정보를 귀납할 수 있으며, 입력 언어를 처리하는 인코더 단계에서 하나의 네트워크를 공유할 수 있게 된다. 따라서 다중의 병렬 코퍼스를 결합하면 일부 언어 쌍에 대해 병렬 코퍼스의 부족한 부분을 해소할 수 있으며, 이렇게 구축된 자동번역 시스템은 일부 번역 리소스를 절약하여, 소량의 병렬 데이터로 일반화 성능을 향상할 수 있다.

2. 인공지능 기반 고전문헌 자동번역 시스템 구축사업

1) 사업의 개요

① 사업의 추진 배경

유네스코 세계기록유산인 『승정원일기』와 『일성록』을 비롯한 한국 문집 등 9,600여 책에 달하는 우리나라 고전문헌 중에는 아직 한글로 번역되지 못한 자료들이 상당수여서 현재의 수준으로 번역을 할 경우 약 65년 이상 걸릴 것으로 추산하고 있다.[18]

한국고전번역원은 이러한 문제점과 사회적 요구를 해소하기 위해, 과학기술정보통신부(한국지능정보사회진흥원)의 ICT 기반 공공서비스 촉진 사업에 공모하였다. 이는 최신 ICT 기술을 활용하여 기존 한문 고전 번역 방식의 패러다임을 바꾸기 위함이었다. 그 결과, 2017년부터 2019년까지 3년간 〈인공지능 기반 고전문헌 자동번역 시스템 구축 및 고도화사업〉을 수행할 수 있었다.

---

[18] 한국고전번역원 주요 업무 보고 자료(2019년 말 기준).

② 사업의 추진 현황

2017년 1차 사업은 시범사업으로 진행되었다. 다국어 번역용 인공신경망 자동번역NMT 기술을 바탕으로 『승정원일기』 영조 대 초기(즉위년~4년 3월, 83책) 병렬 코퍼스 35만 건을 구축하여 고전문헌 중 『승정원일기』 자동번역 모델 체계를 구축했다. 33회 번역 모델링 결과, 휴먼 평가 3.41점(5점 만점)의 결과를 도출할 수 있었다. 불가능한 영역으로 인식되었던 고전문헌 자동번역의 가능성을 1차 사업을 통해 확인하였다.

2018년에 수행한 2차 사업은 고도화사업으로 하이퍼파라미터 튜닝 등 고전문헌 자동번역에 알맞도록 알고리즘 개선 및 모델 튜닝을 통해 장문 번역 성능 향상을 위한 인공지능 기계학습을 고도화하였다. 또한 『승정원일기』 인조 대, 고종 대 코퍼스 구축 등 시대 범위를 확대하여 병렬 코퍼스 30만 건을 구축하는 등 『승정원일기』 자동번역 모델을 고도화하였다. 이 결과 휴먼 평가 3.68점으로 전년 대비 7.9% 성능을 향상시켰다. 더 나아가 『신역 정조실록』 병렬 코퍼스를 13만 건 구축하여 『승정원일기』 자동번역 모델을 베이스 모델로 한 『조선왕조실록』 도메인 특화 모델을 개발하였고, 자동번역 대상 문헌의 확장 가능성을 확인했다.

2019년에 수행한 3차 사업은 고전문헌 자동번역 성과 확산사업으로 진행하여 한국고전번역원이 지난 2년간 개발한 고전문헌 『승정원일기』 자동번역 모델을 활용하여 예산과 번역 인력 부족으로 연구에 어려움을 겪고 있는 고문헌 소장 기관이 대량의 코퍼스 구축 및 장비 도입 등의 과정 없이 기개발된 『승정원일기』 자동번역 모델과 융합하여 소량의 병렬 코퍼스만으로도 자동번역 모델 개발 및 자체 서비스가 가능한 클라우드 기반의 자동번역 모델 개발 플랫폼을 구축하였다. 그리고 1차 확산 대상을 천문 분야로 선정하고 한국천문연구원과 공동으로 사업을 추진, 천문 분야에 특화된 자동번역 모델을 신규 개발하였다.

아울러 확산 모델의 베이스 모델인 『승정원일기』 자동번역 모델은 2017-2019년 3년에 걸쳐 구축한 122만 건의 『승정원일기』 병렬 코퍼스(원문-번역문)를 바탕으로 자동번역의 성능을 강화하는 다양한 기계학습 기술을 적용하여 휴먼 평가에서 평균 4.31점(5점 만점)을 획득하였다.

[표 1] 인공지능 고전문헌 자동번역 시스템 구축사업 연도별 추진 현황(2017-2019년)

구분	2017년	2018년	2019년
주요 사업내용	■ 인공신경망 기반 『승정원일기』 자동번역 모델 체계 수립 및 구축 ■ 『승정원일기』 자동번역 모델 생성(33개) 및 검증 ■ 『승정원일기』 영조 대 문장 코퍼스 35만 건 구축 ■ 번역 품질 및 생산성 향상을 위한 번역공정지원 시스템 개발	■ 장문 번역 인식률 향상을 위한 『승정원일기』 자동번역 모델 성능 고도화 ■ 『승정원일기』 자동번역 모델 테스트 ■ 『승정원일기』 및 『조선왕조실록』 자동번역 모델 생성(20개) 및 검증 ■ 『조선왕조실록』 인조 대, 영조 대, 고종 대 및 『조선왕조실록』 문장 코퍼스 43만 건 구축	■ 고문헌 자동번역 시스템 구축·개방·확산을 위한 클라우드 기반 자동번역 모델 개발 플랫폼 구축 ■ 천문 분야 도메인 특화 자동번역 모델 개발 ■ 『승정원일기』 및 천문 고전 코퍼스 총 50만 건 구축 ■ 고문헌 자동번역 결과의 서비스를 위한 자동번역 웹서비스 구축 및 API 개발
성과*	■ 품질 평가(휴먼 평가) 점수 3.41점/5점	■ 품질 평가(휴먼 평가) 점수 3.68점/5점	■ 품질 평가(휴먼 평가) 점수 4.31점/5점

※ 기계학습에서 제외된 번역문 기준 150자 이하 60문장에 대한 『승정원일기』 번역자 7인의 샘플 평가 점수 통계치로 절대적인 성능의 기준은 아님.
※ 휴먼 평가 기준 설계 시 국제 공인 자동번역률 평가 LREC(International Conference on Language Resources and Evaluation)의 평가 방식을 준용하였으며 기계번역의 품질을 평가하는 기준으로 품질 점수를 텍스트 분석 능력, 이해 능력, 표현 능력까지 종합적으로 고려하는 휴먼번역 수준과 등치할 수 없음.

또한 클라우드 환경에서 자동번역 코퍼스 축적 및 번역 모델 학습과 개발이 가능한 통합 환경을 구축하고 안정화하는 데 성공했다. 그 결과 클라우드 환경에서 자동번역 모델을 개발하기 위한 자원을 축적하는 것은 물론, 번역 모델의 기계학습 및 개발이 가능한 공동 활용 환경을 마련하였다. 참여 기관이 클라우드 플랫폼을 통해 기관 자료에 특화된 인공지능 고전문헌 자동번역 모델을 쉽게 개발할 수 있게 되면서, 시스템 구축 및 운영 예산 절감 효과는 물론 연구 시간 단축에 따른 처리 시간 절감 등 업무적 편익이 발생할 것으로 예상된다. 또한, 천문 고전 자동번역 모델을 개발하는 과정에서, 소량의 코퍼스만으로도 기계학습과 고전문헌『승정원일기』자동번역 모델을 활용하여 일정 수준 이상의 도메인 특화 모델을 개발할 수 있다는 기술적 가능성을 확인하였다. 이는 향후 모든 분야의 고문헌에 적용 가능한 범용적 자동번역 모델 개발을 위해 다양한 고문헌의 서종별 특성에 따른 개별 도메인 모델을 개발한 후, 모델 간 기술적 교차 시도를 통해 통합 모델로 발전시켜 가는 점증적 성능 고도화 기반을 마련하였다.

③ 고전문헌 자동번역 모델의 구축 및 고도화 방안

자동번역 모델은 단계적으로 생성되며, [그림 5]에서 진행 과정을 확인할 수 있다. 자동번역을 할 때는 다양한 조합의 병렬 코퍼스를 원문과 번역문 기준으로 전처리하고, 토큰을 어떤 단위로 분석할지에 대한 검증 작업을 완료한다. 다음으로, 병렬 코퍼스를 데이터 기반으로 샘플링하여 인공신경망을 입력한 후 번역 데이터를 공급한다. 데이터 세트 조합 중에는 기존 번역을 역방향으로 번역하는 모델을 통해 생성된 합성 코퍼스synthetic corpus를 적용할 수 있다.[19] 신경망 기본 모델의 구조를 코어 번역 엔진에 적합하게

그림 5 │ 단계별 고전문헌 자동번역 모델 구축 및 고도화 방안

정의하면, 주요 성능 요인으로 적용 가능한 하이퍼파라미터 세트[20]를 구성하여 자동번역 모델 성능을 튜닝하게 된다. 하이퍼파라미터 세트를 구성할때, 선행 사업으로 축적된 하이퍼파라미터 튜닝과 다양한 기계학습 기법을융합·적용했다. 이에 더하여, 고전문헌 자동번역 모델의 성능을 고도화하기 위해 여러 가지 방법론이 적용되었다. 정칙화regularization 방법[21]을 적용

---

19   기존에 학습된 언어 쌍의 반대 방향 번역기를 사용해 단일 언어 코퍼스를 자동번역을 이용한 합성 코퍼스로 만든 후 기본 병렬 코퍼스에 추가하고, 데이터를 확장하여 학습하는 방법이다.

20   하이퍼파라미터(hyperparameter)는 인공신경망 자동번역 모델에 직접 설정해야 하는 튜닝 옵션이다. 기계학습의 성능을 최적화하거나, 편향(bias)과 분산(variance) 사이의 균형을 맞출 때, 알고리즘을 조절하는 용도로 사용한다.

21   정칙화 방법은 기계학습 시, 모델의 과적합을 방지하기 위해 적용되는 알고리즘이다. 학습 오차를 줄이기는 어려우나, 일반화 성능을 높이는 데에는 요긴하게 활용된다.

하여 자동번역 모델의 일반화 성능을 향상하고, 혼합정밀도 기술[22] 및 지식 증류의 방법[23]을 적용하여 모델의 경량화 또한 도모하였다.

자동번역 모델의 도메인을 확장하기 위해 『승정원일기』 자동번역 모델을 기존 영조 대에서 2018년 인조 대와 고종 대 모델로 확장하고, 유사 사료인 『조선왕조실록』을 도메인 특화 학습 기술에 추가 적용하는 한편, 2019년, 한국천문연구원을 시범 참여 기관으로 확정하여 특수고전(천문 분야) 도메인 특화 자동번역 모델을 구축하였다. 또한, 기존 고전문헌 자동번역 베이스 모델을 기반으로 참여 기관의 특수 분야 코퍼스 학습 및 사용자 사전 적용 등을 통해 참여 기관의 도메인 특화 모델을 도출해 냈다. 합성 코퍼스를 활용한 도메인 데이터양은 유지하되, 비율이 높은 다른 데이터들을 일부 줄여 가며 학습을 반복했다. 특히 소량의 코퍼스만이 제공되는 도메인의 경우, 베이스 도메인의 역방향 번역 모델back-translation을 구축하여 병렬 코퍼스를 확장했다. 역방향 번역 모델은 한글을 다양한 길이와 난이도의 한문 고전으로 번역하여 합성 코퍼스로 활용한다. 합성 코퍼스 구축의 목적은 코퍼스 부족으로 인한 성능 저하를 만회하기 위해 인위적인 기계학습 데이터를 생성하는 것이다. 평가 데이터로 일반화 성능을 검토한 후, 성능 향상 대상 모델에 대해서는 고전문헌 번역전문가를 통해 정성적 평가를 수행하여 모델을 선택한다.

---

[22]   혼합 정밀도(mixed precision) 학습은 큰 네트워크 모델을 구축하는 경우, 메모리 사용량을 줄여 컴퓨팅 성능을 높일 수 있는 기술이다. 행렬 연산과 저장에 각기 다른 정밀도를 적용하여 이를 효율적으로 혼합한다.

[23]   지식 증류(knowledge distillation)는 큰 네트워크로부터 작은 네트워크에 지식을 전달하는 전이학습 방법이다. 모델을 경량화하는 방법으로 흔히 활용된다.

2) 사업 추진 성과

① 고전문헌 병렬 코퍼스 구축

고전문헌 자료 중 탈초[24] 후 디지털화된 원문 데이터와 번역문 데이터는 한국고전번역원 한국고전종합DB를 비롯하여 국사편찬위원회 등 유관 기관 웹사이트에서 확보할 수 있다. 그러나 이 데이터들은 인공지능 기계학습에 바로 적용할 수 없다. 데이터 가공이 선재되어야만 인공지능 학습 모델을 생성할 수 있는 까닭이다. 최신 자동번역 기술은 데이터를 기반으로 이루어지기 때문에, 원문 문장 대 번역문 문장으로 대응 관계를 구성하여 병렬 코퍼스를 구축하는 것이 필수적이다. 구축 문장을 분절할 때에는 주술 구조가 완전한 문장으로 구성해야 하며, 문장을 단독으로 분할할 때에도 전체적인 의미에서 손상이 없도록 정제해야 한다.

2017년부터 2019년까지 본 사업으로 『승정원일기』 영조 대 80만 문장의 병렬 코퍼스를 구축하여 자동번역 성능을 향상하였고, 2018년부터 『승정원일기』 인조 대, 고종 대 29.3만 문장을 구축하여 문형 패턴과 시대 범위 확장을 위해 전이학습이 가능하도록 했다. 아울러 2차 사업에서는 장문 번역 성능 고도화를 통해 코퍼스 문장 길이를 번역문 기준 150자 미만에서 300자 미만으로 확장하였다.

2차 사업에서 추가 개발한 『조선왕조실록』 도메인 특화 모델의 경우, 『신역 정조실록』 병렬 코퍼스 13만 건과 『승정원일기』 병렬 코퍼스 65만 건을 기계학습에 활용하였다. 2차 사업에서 얻은 성과를 바탕으로, 3차 사업의

---

24   초서(草書)로 쓴 글자를 정자로 바꾸는 것.

[표 2] 인공지능 기반 고전문헌 자동번역 시스템 구축사업 코퍼스 구축 현황(2017-2019년)

항목	구축 왕대(서종)	구축량	구축 연도
『승정원일기』	인조 대(1년 1월~16년 5월)	144,000	2018~2019
	영조 대(1년 1월~10년 10월)	800,000	2017~2019
	고종 대(1년 1월~11년 12월)	149,000	2018~2019
	소계	1,093,000	
『조선왕조실록(신역)』	정조 대(즉위년~22년 12월)	132,000	2018
천문 고전	高麗史 외 39종	60,000	2019
총계		1,290,000	

특수고전(천문 분야) 도메인 특화 모델 개발을 위하여 『천동상위고』, 『육일재총서』, 『제가역상집』, 『성호사설』, 『서운관지』, 『선택요략』 등 천문 분야 특수고전과 문집류에서 총 6만 문장을 발췌하여 소량의 병렬 코퍼스를 구축했다.

1~3차 사업을 통해 구축된 양질의 고전문헌 병렬 코퍼스는 누적 수량이 약 129만 건에 이르렀다. 고전문헌을 자동번역 하기 위해 축적한 병렬 코퍼스의 수량은 다른 언어의 병렬 코퍼스 수량에 비해 저조하지만, 그 자체로 고전문헌 자동번역의 발전에 있어 중요한 첫발을 내디뎠다 말할 수 있을 것이다.

② 자동번역 모델의 고도화

본 사업을 통해 개발된 고전문헌 자동번역 모델의 성능 향상 수준을 확인하기 위해, 번역전문가가 직접 시행하는 휴먼 평가(정성적 평가)와 기계가 시행하는 자동 평가(정량적 평가)로 품질 평가를 실시했다.

휴먼 평가는 자동번역 기계학습에 포함되지 않은 『승정원일기』 원문 문장의 정답문과 자동번역 결과문을 비교하여 5점 척도로 평가하는 방식으로 이루어졌다. 『승정원일기』 영조 대 병렬 코퍼스 35만 건을 바탕으로 고전문헌 자동번역 모델 체계를 수립한 2017년 1차 사업의 『승정원일기』 자동번역 모델의 휴먼 평가 점수는 번역문 기준 300자 이하 60문장 평가 결과 3.41점(5.0 만점)을 달성하였다. 이후, 2~3차 사업에서는 데이터양의 확충과 고도화 알고리즘, 다양한 성능 튜닝 방법을 적용하여 4.31점을 달성하였다. 이는 1차 사업에 대비하여 성능이 26.39% 향상된 결과였다.

원문	卿其祗復休命, 勉恢令圖, 必誠必勤而盡聽斷之道, 惟公惟正而嚴黜陟之方。
휴먼 번역	경은 왕명을 공경히 받들어 좋은 계책을 널리 펴서 반드시 성실함과 부지런함으로 청송(聽訟)과 단옥(斷獄)의 도리를 다하고, 공명함과 정대함으로 인사(人事)의 방도를 엄히 하라.
2018 자동번역	경은 공경히 아름다운 명을 복구하고 법령을 넓히며 반드시 정성스럽게 반드시 성실히 처리할 방도를 다하여 오직 공정한 마음으로 출척(黜陟) 하는 방도를 엄히 하라.
2019 자동번역	경은 왕명을 공손히 받들어 좋은 계책을 널리 펴서 꼭 성실함과 부지런함으로 청송(聽訟)과 단옥(斷獄)의 도리를 다하고, 공명함과 정대함으로 인사(人事)의 방도를 엄히 하라.

그림 6 │ 베이스 모델 성능 향상 예시: '命', '聽斷', '黜陟' 등 오역하던 용어를 정확하게 번역함.

아울러, 기계가 하는 자동 평가 중 BLEU 평가 방식을 적용하여 정량적인 평가를 수행했다. BLEU 평가는 기계번역 품질 평가에 가장 보편적으로 사용되는 평가 방식이다. 580개의 평가 문장에서 기계적인 유사도를 비교하여 동일한 성능이 나오는지 통계하는 방식으로 평가를 수행했다. 학습 코퍼스 수량이 증가하면서 정량적인 평가에서도 동일하게 성능이 향상되었으며, [그림 6]에서와 같이 '命', '聽斷', '黜陟' 등 오역하던 용어를 정확하게 교정하는 결과를 얻을 수 있었다.

③ 자동번역 도메인 전이학습

『승정원일기』 모델이 충분한 데이터를 확보한다면 그에 준하는 성과를 낼 수 있지만, 대량의 데이터를 확보하려면 상당한 시간과 비용이 소요된다. 때문에 『승정원일기』를 초벌 번역하기 위한 번역 모델을 구축하고, 『승

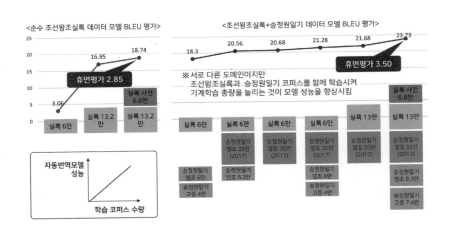

그림 7 | 『조선왕조실록』번역 모델 성능 비교: 순수 모델과 도메인 특화 모델

정원일기』코퍼스와 번역 모델을 통해 도메인별 고전문헌 특화 모델을 개발했다. 자동번역 서비스가 가능한 고전문헌을 확대해 나감에 따라 확대 구축한 도메인 코퍼스를 인공지능 기계학습에 교차 학습시키는 방법으로 범용적 성능의 고전문헌 자동번역 모델 개발을 추진했다. [그림 7]의 사례를 보자. 『조선왕조실록』의 데이터만으로 도달할 수 있는 최대 한계점에서 『승정원일기』데이터를 추가 학습하거나 도메인 특화 학습을 수행하는 경우 휴먼 평가에서 0.75점(BLEU 4점) 정도의 향상이 있었다.

『승정원일기』와는 문체 및 장르에서 차이가 있는 특수고전(천문 분야)에서 도메인 특화 천문 고전 자동번역 모델을 신규 개발하는 것은 도전 과제가 되었다. 기계학습 대상 천문 분야 코퍼스(6만여 건)의 수량 부족 상황을 극복하기 위해 베이스 모델인『승정원일기』용 코퍼스를 기반으로 천문 분야 도메인 제어 기법 등 다양한 시도를 통해 결과를 도출했다. 이러한 시도는 기계학습용 코퍼스 확보가 쉽지 않을 수 있는 다른 특수고전 분야로의 자동번역 확산 가능성을 확인하기 위한 목적이 있었다. 『조선왕조실록』전이학습에서도 순수 모델을 사용하는 것보다 승정원일기 베이스 모델을 사용할 때 성능 향상이 있었던 것처럼, 순수 천문 고전만 학습했을 때보다『승정원일기』베이스 모델에 도메인 특화 학습을 수행했을 때, BLEU 평가에서 8점 정도의 성능 향상을 보였으며, 정성적 평가에서 4점까지 도달할 수 있었다. 이는 6-10만 정도의 소량의 코퍼스에 대해서도 번역이 가능한 수준의 튜닝으로 해당 도메인의 번역 모델을 구축할 수 있다는 가능성을 보여 주었다.

④ 고전문헌 자동번역 대국민 서비스 구축

앞선 과정을 통해 탄탄한 베이스 모델을 확보하여 인공지능 자동번역의

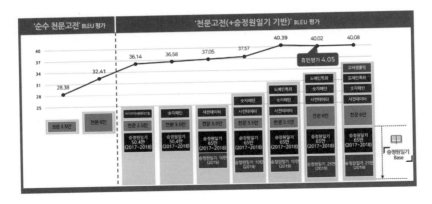

그림 8 | 천문 고전 번역 모델 성능 비교: 순수 모델과 도메인 특화 모델

기반으로 삼은 행보와 다양한 유형의 고전문헌을 자동으로 번역하기 위한 도메인 특화 모델의 개발 가능성을 확인했다. 이는 고전문헌의 자동번역을 확산하고, 대국민의 고전문헌 접근성을 향상할 초석이 될 것이다. 원문을 텍스트로 DB 구축하던 단계에 머물렀던 기존 생태에 비하면 괄목할 만한 성장이다. 인공지능 기반 자동번역을 계속해서 연구한다면, 국가적 유산인 고전문헌의 접근성과 활용성을 향상할 수 있을 것이며, 정치, 경제, 사회, 문화, 예술, 과학, 산업 등 우리 민족의 과거 전반에 대한 역사적 기록을 대국민에게 제공할 수 있을 것이다. 위와 같은 사명을 품고 번역 결과에 대한 사용자의 피드백을 받아 고전문헌 자동번역 선순환 체계를 확대함으로써, 전문번역자의 업무 효율성을 제고하는 것은 물론, 고품질의 고전문헌 번역 성과물을 학계와 국민에게 신속하게 공급하여 국가기록유산의 저변 확대에 기여할 수 있는 환경을 구축하였다. 대국민 한문 고전 자동번역 서비스를 통해 고전문헌 자동번역 서비스의 개발과 확산 기반이 마련되면서, 미

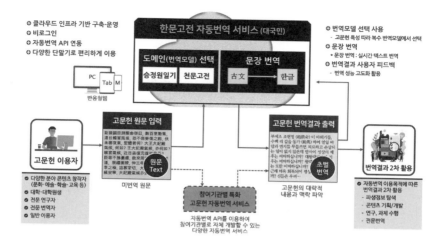

그림 9 ┃ 대국민 한문 고전 자동번역 서비스 개념도

번역의 장벽에 가로막혀 활용률이 저조했던 고전 원문 DB의 활용 가능성
을 증대하였다.

3) 사업의 향후 과제

① 한문 고전 병렬 코퍼스 데이터 부족 문제

GPU와 같은 하드웨어 장비를 이용해 신경망 연산 처리 속도를 향상한
것과 더불어 인터넷으로 수집된 많은 양의 디지털 데이터의 활용이 딥러닝
기술의 기폭제 역할을 수행한다. 자동번역의 성능에 있어서 양질의 데이터
의 중요성은 아무리 강조해도 모자라지 않을 것이다. 고전문헌의 경우, 현
재 탈초된 원본 데이터가 꾸준히 확보되고 있지만, 기계학습에 즉시 적용

할 수 있는 데이터는 절대적으로 부족한 상황이다. [그림 10]과 [그림 11]에서 볼 수 있듯이, 통계 기반 자동번역 기술SMT과 신경망 기반 자동번역 기술NMT은 모두 데이터양에 비례하여 번역 성능이 향상되었다. 영어 단어 1억 개로 구성된 코퍼스의 경우에도 마찬가지로 데이터양에 비례하여 번역 성능이 향상되었다. 신경망 기반 자동번역에서도 이와 같은 경향을 확인할 수 있다. 100만 단어 미만의 소량 코퍼스에 기반한 자동번역도 2017년에는 성능이 회의적이었지만, 신경망 구조를 변경하고 알고리즘을 고도화한 결과, 안정적인 성능을 보였다. 다른 언어와 비교했을 때, 소량의 병렬 코퍼스를 가지고 있는 고전문헌 자동번역에서도 안정적인 번역 결과를 도출한 것이다. 이와 같은 연구 결과를 토대로 하여, 기본 베이스로 삼는 병렬 코퍼스가 증가한다면, 일반화 성능을 향상할 것으로 예측할 수 있다.

지도학습용 병렬 코퍼스를 추가로 구축하는 방법 외에 기존 데이터를 토대로 번역 데이터를 확대하는 기술을 적용하는 방법, 소량으로 구축된 데이터를 기계학습에 활용하는 방법, 단일어 코퍼스 기반의 비지도학습 방법을 적용하여 기본 베이스로 삼는 병렬 코퍼스를 확대할 수 있다.

데이터 확대 기술 역시 눈여겨볼 만하다. 데이터 확대 기술은 기존 데이터에 노이즈를 추가하여 데이터를 증강하는 기술이다. 영상, 음성 분야에서 데이터 확대 기술을 주로 사용하지만, 텍스트 분야에서도 이를 다방면으로 실험하고 있다. 코퍼스에 포함된 단어를 동의어로 치환하거나 어순을 변경하여 새로운 문장을 추가하는 방식을 통해, 병렬 코퍼스를 확대하는 데에도 활용할 수 있을 것이다.

소량의 구축 데이터를 활용하는 기계학습 방법은 이외에도 메타학습meta learning이 있다. 메타학습은 기계가 스스로 코퍼스를 학습할 뿐 아니라 방법

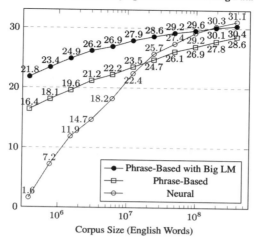

그림 10 ┃ 코퍼스 양에 따른 번역 성능 비교(Koehn & Knowles, 2017)

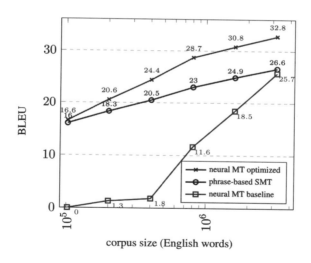

그림 11 ┃ 코퍼스 양에 따른 번역 성능 비교(Sennrich & Zhang, 2019)

자체를 학습할 수 있도록 하므로, 소량의 병렬 코퍼스 샘플로도 새로운 과업을 수행할 수 있도록 학습 모델을 구축한다.

② 자동번역 도메인 특화 모델 및 도메인 일반화 성능 향상

『승정원일기』의 경우 왕 대별 문장 구조 및 문체에서 차이가 있어서, 영조 대의 『승정원일기』 번역 모델을 고종 대에 바로 적용하기는 어렵다. 또한 『조선왕조실록』 등 편년체 사서는 완전히 구별된 형태의 새로운 도메인을 형성할 것이다. 따라서 이러한 각종 문헌은 구조와 문체에 따라 각각의 번역 모델에 그 특성을 반영하여 학습해야 하며, 동시에 다양한 장르에서 공통된 영역을 찾는 일반화 모델을 구축해야 한다.

번역 모델의 일반화 성능을 가장 용이하게 향상하는 방법은 충분한 데이터를 번역 모델에 제공하는 것이다. 따라서 다양한 장르와 문체의 고전문헌 병렬 코퍼스 데이터를 지속적으로 번역 모델에 추가해야 한다. 이와 더불어, 다양한 번역 모델에 앙상블 기법ensemble method[25]을 적용하여 각 번역 모델의 번역 결과를 조합하고, 일반화 성능을 향상할 수 있도록 힘써야 한다.

합성곱신경망 분야에서 활발하게 활용하고 있는 전이학습을 고전문헌 자동번역에 적용한다면 구축된 번역 모델을 다른 도메인에서 재사용할 수 있다. 구축된 『승정원일기』 번역 모델을 기반으로 『일성록』 등을 비롯한 문집류에 적용하는 전이학습 방법을 활용하면 소량의 데이터로도 도메인 특화 학습이 가능할 것이다.

---

[25]   앙상블 기법은 여러 모델의 복수 결과를 조합하여 더 적합한 결과를 도출하는 접근 방법이다.

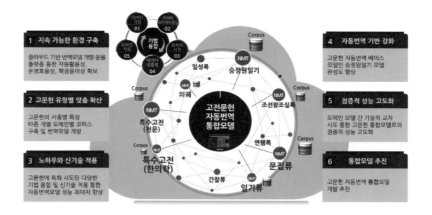

그림 12 | 고전문헌 자동번역 통합 모델의 향후 발전 방향

③ 고전문헌 자동번역 성향 향상을 위한 추가 제안

인공신경망 번역을 이용할 때, 어휘 처리가 제한된다는 점이 여전히 기술적인 한계점으로 남아 있다. 고전문헌에는 장르별 문서에서 이름, 관직명 등 고유명사의 어휘를 특히 많이 포함하고 있는 까닭이다. 서브워드 Subword 분리 방법[26]을 이용해 단어를 작은 단위로 분리하여 미등록어 일부를 학습하도록 하고 있지만, 고유명사 등 개체명을 인식시키는 것과 함께 신경망 번역에 사용자 사전을 활용하는 방법을 고도화하여야 한다.

국내에서는 합성곱신경망 기술을 적용해 인공지능 기술에 기반한 한문

---

26   서브워드는 단어보다 작은 단위의 조합으로 구성되는 경우가 많기 때문에 하나의 단어를 여러 내부 단어로 분리해서 미등록어로 처리해야 한다. 서브워드 분리 방법이란 서브워드를 분리하는 전처리 방법이다.

고전 원문의 탈초 작업을 자동화하는 연구를 시도하고 있다.[27] 영상 인식 기술을 활용하여 높은 정확성으로 한문 고전 원문을 인식하게 된다면, 코퍼스를 대량으로 확보하는 작업에 추진력을 더할 수 있을 것이다. 아울러 번역 작업과 원문 이미지 데이터를 인식하는 작업을 멀티모달 및 멀티태스크 기계학습으로 수행한다면, 한문 고전 탈초와 자동번역이라는 두 마리 토끼를 한 번에 잡을 수 있겠다. 더 나아가, 자동번역 모델의 번역 성능을 개선하는 것뿐 아니라 한문 고전 원문의 인식 성능 개선에도 활용할 수 있을 것이다.

향상된 자동번역 결과를 기대하기 위해서는, 한국고전번역원에서 오역으로 신고된 데이터 및 자체 교정 데이터 등을 지속으로 수집하여 강화학습 기반의 자동번역 모델에서 기술한 번역 피드백 학습을 고려해야 한다. 또한, 피드백 데이터를 적용하는 기술을 적극적으로 자동번역 시스템에 도입해야 한다. 이와 함께 자동번역 모델의 선순환 구조를 체계적으로 구축하고, 전문 번역가의 지식을 점진적으로 번역 모델에 반영하여 진화하는 형태로 확장해야 할 것이다.

고전문헌 자동번역과 다른 신경망 번역의 차이점을 간략히 살펴보자. 고전문헌 자동번역은 원문에 대한 번역문의 길이 비율이 다른 언어 쌍보다 상대적으로 길다. 고전문헌의 원문 대비 번역문의 길이 비율은 다른 신경망 번역의 것보다 3.8배 정도 길며, 심지어 번역된 한 문장의 길이가 수 페이지에 이르는 경우도 있다. 따라서, 원문 대비 번역문의 길이 차이 및 긴

---

27   디지털 라키비움 구축을 위한 기계학습 기반 전통 기록물 해독, 경북대학교 STEAM연구팀(전자공학부, 문헌정보학과, 한문학과). http://dila.co.kr/

문장에 대한 기계학습 방법은 자동번역 기술 분야가 당면한 새로운 연구 과제가 된다. 새로운 과제를 풀어 나가기 위해, 외부 메모리를 사용하는 메모리 네트워크 기술을 자동번역에 활용하는 등 다양한 연구를 추진해야 한다. 상소문과 문집 등에서 자주 등장하는 호흡이 긴 문장을 제한 없이 기계학습에 적용하고, 긴 문장을 자동으로 분절하여 번역 모델을 생성하는 알고리즘이 향후 고전문헌 자동번역 시스템에 적용될 수 있겠다.

고전문헌의 표점은 정본을 확립하기 위한 필수 작업 중에 하나이다. 정본이 고전의 주된 자본인 만큼, 표점이 중요한 역할을 수행한다 말할 수 있을 것이다. 이 때문에 자동번역 분야에서는, 표점의 오류 여부를 확인하는 것과 관계없이 기존의 표점을 자동번역에 반영하고 있다. 표점을 표시하지 않거나 표점을 잘못 표시한 경우, 고전문헌의 자동번역 성능이 저하될 수 있다. 그럼에도 불구하고, 신경망을 이용해 표점 처리와 자동번역을 동시에 학습하여 공유한다면, 문장을 통해 표점을 이해하며 번역하는 인공신경망 학습을 수행할 수 있을 것이다. 이와 더불어, 멀티 입력으로 학습 파라미터를 공유해 인공신경망을 학습한다면 고전만의 특성이 있는 새로운 성과가 있을 것으로 예상한다.

맺는말

    인공지능 기술이 산업 전반에 확산되면서 자동번역 분야에도 유수히 접목되었다. 인공지능 자동번역 기술은 기존 30년간의 자동번역 기술을 가뿐히 능가했다. 현재 자동번역의 가장 큰 관심사는 "과연 인공지능 자동번역이 전문 번역가의 수준에 도달할 수 있을 것인지"에 쏠려 있다. 2017년, 구글은 "구글 자동번역의 일부 언어가 휴먼 번역 수준에 이르렀다"고 밝혔고, "WMT(세계 자동번역 대회) 2018에서 영어-체코어 번역이 인간의 수준을 능가했다"고 발표했다. 마이크로소프트는 "중국어 뉴스 기사를 영어 기사로 번역하는 데 전문 번역가 수준에 도달했다"고 평가했다.[28] 이렇듯, 오늘날의 자동번역 기술은 상상을 초월할 정도로 빠르게 성장하고 있다.

    고전문헌 분야에서도 자동번역 기술의 활약은 두드러진다. 고전문헌은 일반적인 자연어와 언어의 체계가 다르므로, 기존의 번역 기술을 이용하여 고전문헌을 해석하는 데 한계가 있었다. 그러나 인공신경망의 연산을 통해 고전문헌에서 나타나는 일정한 번역 패턴을 알아내고, 이를 국역으로 변환

---

28   Microsoft Translator, "Neural Machine Translation Enabling Human Parity Innovations In the Cloud," https://www.microsoft.com/en-us/translator/blog/2019/06/17/neural-machine-translation-enabling-human-parity-innovations-in-the-cloud

하는 과정을 초벌 번역 수준까지 끌어낼 수 있는 가능성을 충분히 보여 주었다. 고전문헌 자동번역이 이제 막 초석을 닦은 만큼, 앞으로의 가능성은 더욱 무궁무진하다.

자동번역 분야에서 최고 성능state-of-the-art을 갱신하는 최적화 알고리즘과 신개념의 아키텍처가 등장할지, 다시 한번 AI의 겨울이 불어닥칠지 예측하기 어렵다. 자동번역 분야의 겨울을 대비하기 위해서는, 인공지능 기술과 코퍼스 데이터를 토대로, 번역 모델을 더욱 넓은 문맥을 다룰 수 있는 수준으로 진화시켜야 한다. 현재 상용되는 자동번역 기술은 문장 단위의 번역 수준에 머무르고 있다. 문장을 단독으로 번역할 때에는 완벽하게 번역되지만, 문맥에 자리를 잡으면 전혀 다른 의미로 전달될 수 있으므로, 맥락과 상황에 맞게 언어를 이해하고, 다른 언어로 적합하게 표현하는 것이 중요하다. 고전문헌을 자동번역하여 사용자에게 양질의 번역문을 제공하기 위해서는, 단순히 문장 단위로 의미를 옮기기보다 문맥·문단·전문 단위로 기계학습이 이루어져야 한다. 따라서, 기계독해machine reading[29] 등 다양한 기술을 자동번역에 접목하여 문장 대 문장에서 문단 대 문단으로 번역 모델을 확장하는 작업이 선행되어야 한다.

유네스코 세계기록유산인 『승정원일기』와 『일성록』을 비롯한 한국 문집 등 9,600여 책에 달하는 우리나라 고전문헌 중에는 아직 한글로 번역되지 못한 자료들이 상당수여서 현재의 수준으로 번역하는 데 65년 이상이 걸릴 것으로 추산했다. 『승정원일기』 자동번역 모델은 일부 문장의 경우, 초벌

---

29   기계독해는 기계학습을 기반으로 하는 자연어 처리(NLP) 기술의 일종이다. 기계독해를 이용하면, 기계가 스스로 문서 전반의 맥락을 이해하고 해석한다. 기계독해는 질의응답 시스템에 주로 적용된다.

번역에 적용할 수 있는 수준에 이르렀다. 고전문헌의 자동번역 모델 체계를 수립하고, 고도화사업을 시행하여 번역의 품질을 높인 결과이다.

그러나 이러한 결과에도 풀지 못한 과제가 남아 있다. 번역 문장의 적합성 면에서 고전문헌 자동번역이 초벌 번역 수준에 도달했지만, 언어 표현의 유창성 면에서는 아직 품질 수준이 기대한 바에 미치지 못했기 때문이다. 고전문헌 분야에서 교감이나 주석, 의역, 보충역 등으로 이루어지는 번역은 인공지능 기술의 특성상 다소 어려움이 있다. 이와 같은 난점이 있다보니, 자동번역 도메인은 현재 구어체, 특허 문서, 기술 문서를 주로 번역하고 있는 실정이다.

고전문헌 대부분은 문집류이기 때문에, 고전문헌을 번역하는 작업은 때때로 자동번역의 한계에 부딪힐 수밖에 없을 것이다. 자동번역 시스템은 고전문헌 전문가의 보조 툴로써 사용될 것이 자명한바, 인공지능이 발달함에 따라 인공지능 고전문헌 번역도 점차 스마트해질 수 있도록 자동번역 모델을 꾸준히 학습하고, 부족한 점을 보완할 수 있도록 지속적으로 피드백을 제공해야 한다. 또한, 한자 문화권 국가와 협업하여 각국의 고전 데이터를 공유하고, 각 언어의 정보와 특징을 신경망이 스스로 학습하게 한다면 기대를 뛰어넘는 성과를 도출할 수 있을 것이다.

자동번역 기술이 발전함에 따라 세계인이 언어의 장벽 없이 의사소통하고, 일반인이 고전문헌을 쉽게 해독할 날이 가까워지고 있다. 옛말에 이르길, 온고지신溫故知新이라 하였다. 옛 학문을 되풀이하여 연구하고, 현실을 처리할 수 있는 새로운 학문을 이해하여야 비로소 남의 스승이 될 자격이 있다는 뜻이다. 옛것의 정수인 한문 고전에 새로운 학문인 인공지능 기술을 접목함으로써, 고전문헌 자동번역이 시너지를 발휘하여 대국민, 대기관의 플랫폼으로서의 역할을 성공적으로 수행할 수 있기를 바란다. 고전문헌 자동번역사업은 과거와 미래를 잇고, 일반인에게 지식을 제공하는 마중물이 될 것이다.

참고자료

Bahdanau, Dzmitry, Kyunghyun Cho & Yoshua Bengio. "Neural Machine Translation by Jointly Learning to Align and Translate." *arXiv preprint arXiv: 1409.0473*, 2015.

Cho, Kyunghyun, Bart van Merrienboer, Caglar Gulcehre, Dzmitry Bahdanau, Fethi Bougares, Holger Schwenk & Yoshua Bengio. "Learning Phrase Representations using RNN Encoder-Decoder for Statistical Machine Translation." *Proceedings of the 2014 Conference on Empirical Methods in Natural Language Processing 51 (EMNLP)*, Ed. Alessandro Moschitti, Bo Pang and Walter Daelemans, Doha, Qatar: Association for Computational Linguistics, 2014.

Conneau, Alexis, Guillaume Lample, Marc'Aurelio Ranzato, Ludovic Denoyer & Hervé Jégou. "Word Translation Without Parallel Data." *arXiv preprint arXiv: 1710.04087*, 2017.

Crego, Josep, Jungi Kim, Guillaume Klein, Anabel Rebollo, Kathy Yang, Jean Senellart, Egor Akhanov, Patrice Brunelle, Aurelien Coquard, Yongchao Deng. et al. "SYSTRAN's Pure Neural Machine Translation Systems." *arXiv preprint arXiv: 1610.05540*, 2016.

Gehring, Jonas, Michael Auli, David Grangier, Denis Yarats & Yann N. Dauphin. "Convolutional Sequence to Sequence Learning." *ICML'17: Proceedings of the 34th International Conference on Machine Learning - Volume 70*, Ed. Doina Precup and Yee Whye Teh, Sydney: JMLR.org., 2017(http://dl.acm.org/citation. cfm?id=3305381. 3305510).

Hochreiter, Sepp & Jürgen Schmidhuber. "Long Short-Term Memory." *Neural Computation*, vol. 9, no. 8, 1997.

_____, Aidan N. Gomez & Francois Chollet. "Depthwise Separable Convolutions for Neural Machine Translation." *arXiv preprint arXiv: 1706.03059*, 2017.

_____, Aidan N. Gomez, Noam Shazeer, Ashish Vaswani, Niki Parmar, Llion Jones & Jakob Uszkoreit. "One Model To Learn Them All." *arXiv preprint arXiv: 1706.05137*, 2017.

Kaiser, Łukasz. "Accelerating Deep Learning Research with the Tensor2Tensor Library." *Google AI Blog*. 19 Jun, 2017(https://ai.googleblog.com/2017/06/accelerating-deep-learning-research.html).

Lample, Guillaume, Alexis Conneau, Ludovic Denoyer & Marc'Aurelio Ranzato. "Unsupervised Machine Translation Using Monolingual Corpora Only." *arXiv preprint arXiv: 1711.00043*, 2017.

Le, Quoc V. & Mike Schuster. "A Neural Network for Machine Translation, at Production Scale." *Google AI Blog*, 27 Sep, 2016(https://ai.googleblog.com/2016/09/a-neural-network-for-machine.html).

Microsoft Translator. "Neural Machine Translation Enabling Human Parity Innovations In the Cloud." *Microsoft Translator Blog*, 17 Jun, 2019(https://www.microsoft.com/en-us/translator/blog/2019/06/17/neural-machine-translation-enabling-human-parity-innovations-in-the-cloud).

Mikolov, Tomas, Kai Chen, Greg Corrado & Jeffrey Dean. "Efficient Estimation of Word Representations in Vector Space." *arXiv preprint arXiv: 1301.3781*, 2013.

Nguyen, Khanh, Hal Daumé III & Jordan Boyd-Graber. "Reinforcement Learning

for Bandit Neural Machine Translation with Simulated Human Feedback."
arXiv preprint arXiv: 1707.07402, 2017.

Papineni, Kishore, Salim Roukos, Todd Ward & Wei-Jing Zhu. "Bleu: a Method
for Automatic Evaluation of Machine Translation." *Proceedings of the 40th
Annual Meeting of the Association for Computational Linguistics*, Ed. Pierre
Isabelle, Eugene Charniak and Dekang Lin. Philadelphia: Association for
Computational Linguistics, 2002(https://www.aclweb.org/anthology/P02-1040.
doi:10.3115/1073083.1073135).

Sennrich, Rico, Barry Haddow & Alexandra Birch. "Improving Neural Machine
Translation Models with Monolingual Data." *Proceedings of the 54th Annual
Meeting of the Association for Computational Linguistics (Volume 1: Long Papers)*,
Ed. Katrin Erk and Noah A. Smith, Berlin: Association for Computational
Linguistics, 2016(https://www.aclweb.org/anthology/P16-1009; doi:10.18653/v1/P16-
1009).

Sutskever, Ilya, Oriol Vinyals & Quoc V. Le. "Sequence to Sequence Learning with
Neural Networks." *NIPS'14: Proceedings of the 27th International Conference
on Neural Information Processing Systems – Volume 2*, Ed. Z. Ghahramani, M.
Welling, C. Cortes, N. D. Lawrence, K. Q. Weinberger, 2014.

Uszkoreit, Jakob. "Transformer: A Novel Neural Network Architecture for Language
Understanding." *Google AI Blog*, 31 Aug, 2017(https://ai.googleblog.com/2017/08/
transformer-novel-neural-network.html).

Vaswani, Ashish, Noam Shazeer, Niki Parmar, Jakob Uszkoreit, Llion Jones, Aidan
N. Gomez, Lukasz Kaiser & Illia Polosukhin. "Attention Is All You Need."
Advances in Neural Information Processing Systems 30, Ed. I. Guyon, U.
V. Luxburg, S. Bengio, H. Wallach, R. Fergus, S. Vishwanathan and R.

Garnett, 2017.

Wu, Lijun, Yingce Xia, Li Zhao, Fei Tian, Tao Qin, Jianhuang Lai & Tie-Yan Liu. "Adversarial Neural Machine Translation." *arXiv preprint arXiv: 1704.06933*, 2017.

_____, Fei Tian, Tao Qin, Jianhuang Lai & Tie-Yan Liu. "A Study of Reinforcement Learning for Neural Machine Translation." *Proceedings of the 2018 Conference on Empirical Methods in Natural Language Processing*. Brussels: Association for Computational Linguistics, 2018(https://www.aclweb.org/anthology/D18-1397).

Wu, Yonghui, Mike Schuster, Zhifeng Chen, Quoc V. Le, Mohammad Norouzi, Wolfgang Macherey, Maxim Krikun, Yuan Cao, Qin Gao, Klaus Macherey, et al. "Google's Neural Machine Translation System: Bridging the Gap between Human and Machine Translation." *arXiv preprint arXiv: 1609.08144*, 2016.

Zou, Will Y., Richard Socher, Daniel Cer & Christopher D. Manning. "Bilingual Word Embeddings for Phrase-Based Machine Translation." *Proceedings of the 2013 Conference on Empirical Methods in Natural Language Processing*, Ed. D. Yarowsky, T. Baldwin, A. Korhonen, K. Livescu and S. Bethard. Seattle: Association for Computational Linguistics, 2013.

Chapter 2.

'문학 동인의 시대' 전후: 한국 작가 네트워크의 통시적 분석 1917-1927

이재연
UNIST 인문학부 부교수

여는 말

바로그前해[1918년] 十一月어느날午後에 … 金東仁君朱요한君 두친구가
[나의 하숙집에] 意外에불숙차저왓습니다. … 멋마듸雜談을하자 金君은 싱글
싱글우스면서 單刀直入的으로 "雜誌나하나 안해봐?" 하고 말을꺼냅니다.
… 나도平素부터 생각을 하든터이라 곳 대담햇습니다 "해보지!" … 지금은
浪人이 되어 北平가잇는 金煥君을 紹介하야 都合네사람으로 同人雜誌를 하
기로 되엿습니다.[1]

「野心滿滿한그題號」[야심만만한 그 제호]라는 기사에 등장하는 위 구절에서
전영택은 한국 최초의 문학 동인잡지, 『창조』(1919-1921)[2]의 탄생을 회고한
다. 부유한 지주의 아들인 김동인은 근대적 작가를 꿈꾸며 서양과 일본의
작품들을 탐독하고 있었다. 일본의 메이지 학원에서 교내 잡지를 만든 경
험이 있었던 주요한은 젊은 한국 독자들을 대상으로 문예지를 내는 데 관

---

1   원전: 전영택, 「野心滿滿한그題號」, 『조선일보』(1996.9.20.), 『한국 문단의 역사와 측면사』, 383쪽에
      서 재인용.
2   문학 동인 집단과 이들 동인들이 펴낸 잡지를 구별하기 위해 잡지를 지칭할 때는 『창조』, 『폐허』,
      『백조』를, 집단을 지칭할 때는 겹낫표 없이 창조, 폐허, 백조를 사용한다.

심이 있었다. 평양을 동향으로 둔 절친한 사이인 두 사람은 마찬가지로 평안북도 출신의 서북 사람 전영택의 하숙집을 찾는다. 흔쾌히 이들의 제안에 동의한 전영택은 미술을 전공하는 김환을 소개한다. 예술가를 지망하는 이들 네 명의 청년들이 "野心滿滿한그題號"를 가진 『창조』를 펴내게 된다. 김동인과 주요한의 잡지 발행 제안을 받고 뛸 듯이 기뻐하는 전영택의 모습에서, 문학 동인을 만드는 일이 얼마나 그를 고무시켰는지 짐작해 볼 수 있다.

근대 시기의 여러 문학 동인 가운데 가장 널리 알려진 세 집단은 창조, 폐허(1920-1921), 백조(1922-1923)이다. 기존의 문학사에서는 "창조 시대"나 "백조 시대"와 같이 이들의 활동 시기를 특정하거나, 1910년대 후반과 1920년대 초반을 "동인지 시대"로 통칭하면서 이들의 경계를 규정했다.[3] 동인 집단들을 별도로 혹은 집단적인 전체로 묶으면서 문학사 연구자들은, 해럴드 블룸Harold Bloom의 용어를 빌리자면, 한국 작가들이 서로에게 미치는 "영향에 대한 불안감the anxiety of influence"을 추적하면서,[4] 동시에 새로운 근대문학 사상을 개척한 자생적인 예술운동을 드러내고자 했다.[5]

한국 근대문학 공동체의 형성을 다루는 연구의 최근 경향을 살펴보면 방법론적인 변화가 눈에 두드러진다. 새로운 연구 방법은 서구문학의 근대성에 의탁해 한국문학을 정의하려던 기존의 작가 연구나 전통적인 문학사 연구에서 탈피해 문학 재생산 체제는 물론이고 개념사와 정기간행물 연구 등을 아우르게 되는데, 그 초점은 문화현상을 구성하는 작가, 미학, 인쇄매체

---

3   조영복, 『1920년대 초기 시의 이념과 미학』.

4   김윤식, 『염상섭연구』; 『이광수와 그의 시대』 1~2; 『김동인 연구』.

5   백철, 『신문학 사조사』(개정증보판); 조연현, 『한국현대문학사』.

사이의 상호작용을 검토하는 데 맞춰져 있다. 이를 통해 우리는 작가들이 어떤 방식으로 근대문학의 이념을 확립해 갔는지,[6] 잡지들은 문학적, 사회적 이념을 가진 작가들을 동원해서 어떤 역할을 했는지,[7] 그리고 기성 작가들은 어떤 방식으로 신진 작가들을 소개하고 문학계를 확장해 나갔는지를[8] 이해할 수 있었다. 그러나 선행 연구들의 강조점이 작가, 매체, 이념 간의 상호작용에 있음에도 동인은 비슷한 문학적 지향, 교육, 지역적 배경을 가진, 변함없이 고정된 작가 주체로 남았다. 창조파의 동인을 예로 들면 이들은 모두 평양북도 출신으로 일본에서 공부하고 "예술을 위한 예술"을 지향한 인물들로 인식되는 데 그쳤다.

하지만 출판과 관련해서 창조파의 동인들은 자신의 잡지만을 고집하지는 않았다. 아마도 잡지의 짧은 수명에도 원인이 있었겠지만 그들은 총독부나 한국인이 운영하는 일간신문은 물론 일반 잡지, 종교 간행물, 아동 잡지를 포함해 다양한 매체들과 적극적으로 함께 작업했다. 말하자면, 김동인이 창조파의 일원이라는 사실과는 상관없이 "그가 다른 작가나 작가 집단과 맺는 사회적 관계는 글을 기고하는 곳과 긴밀한 관계를 유지하는 작가, 편집자에 따라 구별된다."[9] 예를 들어, 겉보기에 김동인은 다른 동인 집단 백조파의 일원인 나도향(1902-1926)과는 관련이 전혀 없지만, 두 사람 모

---

6   김현주, 『사회의 발견: 식민지기 '사회'에 대한 이론과 상상, 그리고 실천(1910~1925)』; 이철호, 『영혼의 계보: 20세기 한국문학사와 생명담론』.

7   최수일, 『개벽 연구』; Jae-Yon Lee. "Authors as Creators of Art: The Collaborative Shaping of Literary Writers in Ch'angjo"; Ji-Eun Lee. *Women Pre-scripted: Forging Modern Roles through Korean Print*.

8   박헌호 외, 『작가의 탄생과 근대문학의 재생산 제도』.

9   이재연, 「작가, 매체, 네트워크」, 269쪽.

두 『개벽』(1920-1926)을 통해 활발한 저술 활동을 했다는 점에서 각 동인 집단의 폐쇄적인 성격에도 불구하고 이 잡지를 매개로 두 집단 사이에 일정한 연관이 존재할 것으로 추론해 볼 수 있다.

이전 논문에서 필자는 1920년대 문학장에서 작가 관계를 확인하기 위해 출간 기록에 관한 자료들을 검토하였다. 특히 1917년에서 1927년 사이에 주요 신문과 잡지를 통해 출간된 소설의 생산량을 집계했다. 수집한 자료에 따르면 이름이 밝혀지지 않은 경우를 포함해 작가는 1,000명이 넘었지만 이에 비해 정기 간행물의 수는 100개 미만이었기 때문에 하나의 신문이나 잡지를 두고 여러 작가들의 동시 투고가 이루어졌다. 이러한 동시적인 투고를 통해 이루어진 동인-비동인 간의 네트워크는 동인이 시사하는 것보다 더 포괄적인 범위의 작가 집단들을 살펴볼 수 있게 했다.[10] 이러한 네트워크 분석은, 복수의 작가들이 일정한 매체와 맺은 실제적 관계뿐 아니라 당시에는 작가 자신들에게 역사적으로 인식 가능하지 않던 연관까지도 시각적으로 재현해 주었다. 동시 투고라는 문학적 행위를 통해 매체를 경유하여 맺어진 작가 관계망을 "작가 네트워크"로 부르는 한편, 필자는 이 네트워크의 공시적인 다이어그램을 분석하여, 김명순과 최서해같이 한국 문학사에서 비교적 덜 알려진 작가들이 네트워크의 서로 다른 층위에 있는 작가들을 이어 주는 데 있어서는 이광수와 같은 문단의 총아보다 더 큰 역할을 했음을 보여 주었다. 그 과정에서 "근대 한국문학 형성기의 작가들은 고립된, 정적인 개인이 아니라 언제나 새로운 문학적, 매체적 세력들과 언제라도 함께 작업할 수 있는 복수의 사회적 관계라는 맥락 속에 존재"했음

---

10   이재연, 「작가, 매체, 네트워크」, 292쪽.

을 밝혔다.[11]

　이전 연구가 1920년대 작가들이 정기 간행물을 매개로 상호작용하던 문학 세계라는 큰 그림에서 작업했다면, 본 연구는 작가 네트워크에서 동인의 변화하는 위상을 추적하기 위해 통시적 접근 방식을 적용한다. 이를 위해, 1917-1927년을 세 시기로 구분한다. (1) 1917년 1월에서 1919년 1월까지: 첫 동인인 창조파가 등장하기 이전 시기. (2) 1919년 2월에서 1923년 9월까지: 주요 세 동인이 부침한 시기. (3) 1924년 10월에서 1927년 12월까지: 소위 문학 동인지 시대 이후 시기. 본 챕터는 각 시기별 동인의 주요 인물들과 그들의 입지를 파악하는 한편 네트워크 분석을 통한 통시적 접근 방식이 세 동인(창조, 폐허, 백조)의 역사를 탐색하는 데 유익함을 강조할 것이다. 또한 동인지 이전 시기의 소시오그램sociograms을 통해 문학사에서 남성 작가들의 그늘에 가렸던 김명순과 나혜석 같은 여성 구성원들이 각 동인의 숨은 핵심 세력을 형성하는 데 기여했음을 보일 것이다. 이와 같은 구체적 사례를 분석하기에 앞서, 문학 연구에 정량적 연구 방법을 적용한 사례들을 살펴보고 왜 우리가 문학의 텍스트가 아니라 네트워크의 그림을, 그것도 프랑코 모레티Franco Moretti가 말한 "멀리서 읽기distant reading"라는 방식을 통해 읽으려 하는지 간단하게 설명하고자 한다.

11　　이재연, 「작가, 매체, 네트워크」, 262쪽.

1. 멀리서 읽기

영문학사를 연구하는 학자들 중 일부는 문학적 사건을 더 큰 역사의 일부로 기술하기 위해 소수의 핵심 작품들을 선별하는 경향을 보여 왔다. 예를 들어, 이언 와트Ian P. Watt는 다니엘 디포Daniel Defoe, 사무엘 리처드슨Samuel Richardson, 헨리 필딩Henry Fielding에 대한 꼼꼼한 독해를 통해 영국소설의 등장을 추적했다.[12] 와트는 철저하고 꼼꼼한 독자였겠지만 문제는 남는다. 무엇보다 "디포, 리처드슨, 필딩에 의해 쓰인 것이 아닌 작품들은 어찌해야 하는가?"[13] 문학적 기법인 꼼꼼히 읽기close reading는 마거릿 코헨Margaret Cohen이 말한 "읽히지 않는 위대한 작품들the great unread", 역사에서 사라지는 방대한 작품들이 잊히는 데 있어 속수무책이다.[14] 만일 우리가 이 방대한 양의 잊힌 작품들을 포함해서 보다 포괄적인 문학사를 구성하려 한다면, 다시 두 가지 물음이 생겨난다. 어떤 방식으로 그렇게 할 수 있을까? 그리고 그런 대안적인 역사에서 우리는 무엇을 발견할 수 있을까? 특히 우리가 어떤 일국의 문학이 아니라 "[서로 관련된 문학들의] 하나의 세계문학체제one

---

12   Ian P. Watt. *The Rise of the Novel: Studies in Defoe, Richardson and Fielding*.

13   Mathew L. Jockers. *Microanalysis: Digital Methods and Literary History*, p.8.

14   Margaret Cohen. *The Sentimental Education of the Novel*, p.23.

world literary system"[15]를 염두에 둔다면 우리에게는 어떤 방법론이 필요할 것인가? 이 지점에서 모레티는 "멀리서 읽기"를 제안하고 있다. 문학과 인문학은 물론 사회과학에서도 힘을 얻은 이 방법론은 애초에 "다른 사람들의 연구로 이루어진 패치워크"를 통해 문학적 정보와 지식으로부터 추상을 구성한다.[16] 여기서 나온 추상 형태들을 주의 깊게 독해함으로써 "멀리서 읽기"는 더 큰 범위의 문학 체제를 구성하는 사회적 관계와 힘을 분석한다.

그의 책 『그래프, 지도, 나무Graphs, Maps, Trees: Abstract Models for a Literary History』에서 모레티는 문학적 텍스트와 역사를 면밀히 조사하기 위해 "3종의 인위적 구성물"을 제안한다. "정량적인 역사의 그래프, 지리학의 지도, 진화론의 나무." 모레티는 영국, 일본, 덴마크, 이탈리아, 스페인, 인도, 나이지리아의 문학사에서 이차적인 자료들을 수집하고, 지구적 범위에서 소설의 발생을 비교, 분석하기 위한 발판으로 그래프들을 생성했다. 그는 메리 밋포드Mary Mitford의 『우리 마을Our Village』(1824-1832)을 독해하면서 지도를 이용해 어떻게 인물, 사건, 사물이 상호작용하며 플롯을 형성하는지를 보여 준다. 여기서 지도들은 주요 인물들의 일상이 보여 주는 순환적인 세계가 원거리에서 사람과 사물의 운동을 연결하는 산업화의 선형적 세계에 의해 구심력을 잃고 해체되기 시작한다는 점을 보여 준다. 나무가 형태론적 분석틀로 선택된 이유는 탐정소설과 같은 문학 장르의 특성들이 성장하고 분기하는 과정을 드러내기 위해서다. 나무들을 이용해 모레티는 아서 코넌 도일Arthur Conan Doyle에 가려져 잊힌 소설을 발굴하고 어떻게 특정한 탐정 이야기들이 살아

---

15   Franco Moretti. "Conjectures on World Literature", p.56.
16   Franco Moretti. "Conjectures on World Literature", p.57.

남아서, 단서 제시에 있어 보다 세련된 방식을 갖추게 되는지를 설명한다. 결론적으로 모레티는 형태가 사회적 힘social forces이라는 강력한 주장을 내놓는다. 이 점이 바로 우리가 문학에서 텍스트와 사회적 행위자social agents를 연결하는 방식으로 추상을 검토해야 하는 이유이다.

문학사를 탐구하는 방식으로 그래프와 네트워크를 사용하면서 연구자들은 영문학의 경계를 넘어서기 시작했다. 예를 들어, 리처드 소Richard J. So와 호이트 롱Hoyt Long은 1910년대에서 1920년대까지 미국, 중국, 일본에서 문학 잡지에 실린 시의 기록을 수집하여 사회 연결망 분석SNA을 통해 모더니스트 시인 집단의 등장을 비교하였다. SNA는 연결의 유형이 어떤 식으로 더 큰 사회구조를 구성하는지를 검토하기 위해 "한 행위자를 다른 행위자와 연결"해 주는 "접촉, 유대, 연관"을 조사하는 방법이다.[17] 이에 대한 고전적인 예는 마크 그래노베터Mark S. Granovetter의 1973년 논문 「약한 연결의 힘 "The Strength of Weak Ties"」이다. 약한 연결이란 한 개인의 아주 가깝지는 않은 친구, 친구의 친구, 안면을 튼 사이를 일컫는다. 하지만 더 커다란 정보 네트워크를 구성한다는 점에서 이러한 약한 연결이 정보 전달자로서는 강한 연결(가족이나 가까운 친구)보다 더 효과적인 도움을 구직자들에게 제공한다. 이와 유사하게 소와 롱은 개별 시인들이 어떤 식으로 서로 연결되어 보다 큰 문학 네트워크를 형성하는지 조사했다.[18] 특정 잡지에 대한 일관된 기고가 시인들 사이에 적극적인 관계를 형성한다는 전제에서, 이 두 연구자는 만일 복수의 작가들이 한 잡지에 동시에 그리고 정기적으로 작품을 기

---

[17]   John Scott. *Social Network Analysis*, p.3.

[18]   Richard J. So & Hoyt Long. "Network Analysis and the Sociology of Modernism."

고한다면 그들은 약하든 강하든 그들이 선택한 잡지에 의해 매개되는 사회적 유대를 형성할 수 있다고 생각했다. 그 결과로 이들은 문학의 주요 행위자들과 이들이 매체와 맺는 상호연관을 가시화했을 뿐만 아니라 또한 상위집단을 연결하는 중재자 역할을 하며 모더니스트 시인들의 주도 세력을 형성했지만 문학사에서는 잘 알려지지 않았던 인물들을 밝혀냈다.

이들의 구체적인 연구와 모레티의 멀리서 읽기라는 일반론에 기대어 여기서는 1920년대 문학장에서 소수의 동인들이 더 큰 영역으로 확장해 나가는 과정을 추적한다. 네트워크 분석을 위해 소설 기고를 자료로 사용한 데에는 두 가지 이유가 있다. 먼저, 모레티가 그러하였듯이, 필자 또한 오랫동안 연구자들의 관심에서 도외시되었던 익명의, 신원불명의, 잘 알려지지 않은 작가들을 찾아내서 논의하고자 한다. 소설의 세계에 대한 그러한 큰 그림은 주요 작가들이 무명의 작가들과 어떻게 상호작용했는지를 보여 줄 것이다. 두 번째로 소설 투고의 전체 개수를 통해 우리는 속성에 기반한 관점이 아니라 관계에 기반한 관점에서 동인 집단을 바라볼 수 있다. 속성 가치는 주로 연구 대상의 특성을 가리킨다. 이는 본 연구에서 문학 집단의 "비슷한 성향like-mindedness"을 보여 주는 특성을 의미하며 여기에는 동일하거나 가까운 출신지, 교육과정, 문학적 지향 등이 포함된다. 관계적 관점에 따르면 우리는 두 가지 이동 목표(여기서는 작가와 매체) 간의 고정되지 않은, 그러나 활발한 상호작용을 검토할 수 있다. 1920년대는 근대 한국문학의 형성기였으며 상대적으로 작은 규모의 도서 시장은 신진 전업 작가들을 재정적으로 뒷받침할 수 없었다. 따라서 작가들은 신문기자, 잡지 편집자, 정기 기고가와 같은 부업을 겸하고 있었다. 이런 문학생산 체제의 불안정성도 우리가 도서보다 정기 간행물에 관심을 갖는 이유이다. 본 연구를 위해 1917년에서 1927년까지 소설 투고에 관한 자료를 수집하였다. 1917년은 이광수가 본격적인 서구식 소설 『무정』을 『매일신보』(1910-1945)에 발표한 해이며, 1927년은 1920년대 한국을 대표하던 두 잡지 중 하나인 『조선문단』(1924-1927)이 폐간된 해이다. 한국 근대문학사에서 이 10년은 다양한 문학 이념과 양식의 분기와 작가, 작품, 정기 간행물의 폭발적인 성장이 두드러진 시기이다.

2. 자료: 소설 기고

    1920년대 정기 간행물을 매개로 한 작가 네트워크를 제시하기 위해 필자는 먼저 4개의 신문과 87개의 잡지에 익명을 포함해 1,019명의 작가가 기고한 2,284개의 작품을 목록으로 작성했다. 이를 위해 『한국 근대잡지 소재 문학 텍스트』라는 데이터베이스를 참조하였다. 1906년에서 1945년까지 368개 잡지에 실린 50,939개의 작품을 목록으로 만든 이 아카이브에는 『한국잡지개관 및 호별목차집』이나 『한국문학잡지사상사』와 같은 기존 연구에는 없는 희귀 잡지들도 다수 포함되어 있다.[19] 이 목록을 참조하여 1917년에서 1927년 사이에 출간된 소설 목록을 추출하였다. 어떤 이유에서인지 『창조』, 『한국지광』(1914-1930), 『여자계』(1917-1921), 『삼광』(1919-1920)과 같이 1920년대에 가장 영향력이 있었던 잡지들 중 일부가 이 아카이브에는 누락되어 있어, 그러한 작품은 하나하나 추가하였다. 이와 더불어 당시의 4개의 주요 신문(『매일신보』, 『조선일보』, 『동아일보』, 『시대일보』)에 게재된 소설을 일일이 찾았고, 그 결과 515명의 작가가 쓴 847편의 소설이 연구자료로 추

---

19   http://modernjournal.org 한국 근대잡지 소재 문학 텍스트, 2013년 7월 14일 확인. 이 사이트는 현재 확인할 수 없다. 대신 이 소설 출판기록은 다음에서 확인 가능하다. 최동호, 최유찬 편, 『한국 근대잡지 소재 문학 텍스트 연구』 1~4.

가되었다.

작가의 필명을 찾아 실명과 연결하는 작업은 지난하지만 중요한 일이었다. 동일 작가의 작품이 무명씨나 혹은 다른 작가의 것으로 인식되어 네트워크 상에서 고립될 수 있기 때문이다. 이 연결 작업에는 기존의 참고 문헌이 큰 도움이 되었다.[20] 그렇지만 익명과 무명의 작가 수(1,019명)는 여전히 예상보다 많았다. 많은 익명의 작가가 단 한 차례 기고를 했다는 점은 이들을 독자로 추정해 보게 한다. 또한 한 사람의 작가가 복수의 필명으로 기고를 했을 가능성도 존재한다.

---

20   권영민 편, 『한국 근대문인 대사전』; 이상경 편, 『부인 신여성』; 이선영, 『한국문학의 사회학』; 숙명여자대학교 한국어문화연구소 편, 『한국여성문인사전』.

3. 작가 네트워크의 공시적 분석

    이번 장에서는 1917년에서 1927년의 시기를 하나의 단위로 취하는 네트워크 그래프에서 세 주요 동인의 위치를 확인할 것이다. 그 전에 먼저 연도별로 소설 투고의 양을 살펴보고 작가, 작품, 정기 간행물의 총수에서 나타나는 변화의 함의를 검토해 보자. 한국소설 창작의 증감은 [그림 1]에 제시된다. 각각의 막대는 반년간의 생산 평균을 나타내고 그래프는 S-형태를 보이며 소설 투고 수가 시간이 지나면서 극적으로 증가하는 것을 보여 준다. 1919년 2월에 『창조』가 첫 호를 발간했고, 1923년 9월에는 『백조』가 마지막 호를 냈다. 전체 11년을 구분한 세 시기 —동인지 시대 이전(1기: 1917년 1월-1919년 1월), 동인지 시대(2기: 1919년 2월-1923년 9월), 동인지 시대 이후(3기: 1924년 10월-1927년 10월)— 는 명확한 경계를 보이며 소설 생산이 3기에서 정점에 도달하는 것을 보여 준다. 1기에는 76개만이, 2기에는 521개, 3기에는 1,687개의 작품이 각각 등장하며, 3기의 소설 부문은 1기에 비해 약 22배 증가한다. 1926년 한 해에만 554개 작품이 출간되는데 이는 1917년에서 1922년까지 출간된 소설의 총량을 넘어선다.

    소설 생산량이 증가한 이유는 무엇인가? 한 가지 가능한 답은 정기 간행물 총수가 증가한 데서 찾을 수 있다. 신문 쪽을 보자면 식민지 시기(1910-

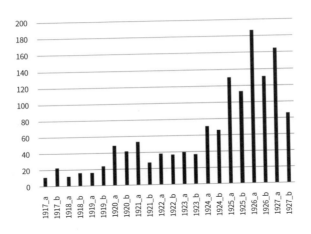

그림 1 ┃ 한국 정기 간행물에 실린 소설 작품(1917-1927)
http://modernjournal.org의 자료를 저자가 수정, 보완. 각 연도는 두 시기로 나누어 표시(a=전반기,
b=후반기)

1945) 내내 발간된 『매일신보』가 있다. 세 개 주요 민간신문 가운데 『조선일
보』와 『동아일보』는 1920년부터, 『시대일보』는 1924년부터 발행되기 시작
했다. 유명 작가의 작품을 고선考選했던 『개벽』, 『조선문단』과 같은 주요 잡
지들 또한 각각 1920년과 1924년부터 출판을 시작하였다. 새로운 잡지와
신문의 출현은 1920년에서 1924년까지의 갑작스러운 투고 수 증가를 부분
적으로나마 설명할 수 있을 것 같다. 하지만 이 설명만으로는 이후 시기에
보인 소설 생산량의 급증의 이유를 밝히기 어렵다. 이에 대한 답은 소설 작
가의 수가 증가한 데서 찾을 수도 있다. 각각 1기에는 38명, 2기에는 278명,
3기에는 780명의 작가가 모습을 보인다. 익명의 작가를 포함하고 또한 동
일한 작가가 모든 시기에 걸쳐 다시 등장한다는 점을 생각해 보면 이 수치
는 예상을 상회한다. 우리는 분명히 2기와 3기에서 작가들의 급격한 증가

를 보고 있다. 그렇지만 이것이 반드시 개별 작가의 다작을 의미하지는 않는다. 실제로 작가당 소설 평균 작품 수는 3기에 2.16(1,687/780)으로 다시 상승하기 전에는 1기의 2(76/38)에서 2기의 1.87(521/278)으로 하락한다. 이러한 기록은 활발히 작품 활동을 하는 전문작가와 더불어 많은 비전문작가들이 독자란을 통해 등장했다가 이후 활동을 중단했을 가능성을 보여 준다. 그러면 주요 동인지에 속한 작가들은 소설 생산에서 어떤 역할을 하고 있었는가? 1917년에서 1927년까지 29명의 동인지 작가가 423개의 작품을 출간했는데 작가당 평균 14.6개이다. 이는 위에서 본 전체 소설에 대한 평균을 훨씬 상회한다.

한국 근대문학 형성사는 대개 문학 동인의 시대(본 연구에서 2기)를 강조하는 경향이 있는데, 이는 많은 작가들이 자신들의 잡지를 통해 한꺼번에 등장해 정기적인 작품 활동을 했기 때문이다. 하지만 소설 출간의 단순한 그래프는 창작된 소설 수라는 면에서 동인 시대 전후 시기가 동인 시대보다 더는 아니더라도 그에 못지않게 중요하다는 점을 보여 준다. 3기에 보이는 작가와 작품의 급격한 증가 속에서 주요 동인의 작가들은 서로 간에, 그리고 비동인 작가들과 어떤 연관을 맺고 있는가? 그들의 입지는 동인이 성립하기 이전인 1기에는 어떠했는가?

서론에서 주장했듯이 우리는 동인이라는, 비슷한 성향을 공유했다고 간주되는 소규모의 배타적 작가 집단에서 작가 네트워크로 눈을 돌릴 필요가 있다. 네트워크란 "사람, 조직, 국가 등으로 이루어진 대상들 간의 일련의 관계"이다.[21] 이 네트워크를 연구 대상으로 하는 사회관계망 분석은 보

---

21   Charles Kaudushin, *Understanding Social Networks: Theories, Concepts, and Findings*, p.3.

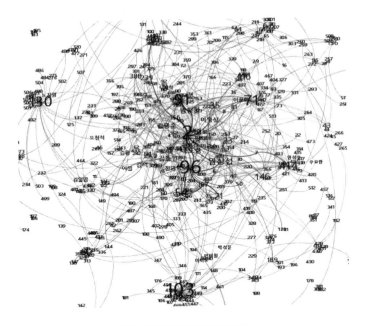

그림 2 ｜ 작가-잡지 네트워크에서 동인 작가들의 위치(1917-1927)

다 큰 구조적 체계 속에서 행위자와 행위자 집단에 의한 상호작용, 확장, 운동의 패턴을 조사할 수 있다. 문예 분야에서 이 사회관계망 분석을 통해 우리는 "[문예는] 공동의 활동에 참여하는 사람들의 네트워크에 의해 창조된다"는 점에서 "예술의 사회성"을 인식하게 된다.[22] 달리 말해, "사회관계망 속의 작가들은 언제나 복수이며 상호영향의 구성단위"가 되는 것이다.[23] 작가들의 상호작용은 그래프를 통해 시각화되며, 여기서 노드(node, 점: 여기서

22   Howard S. Becker, "Art as Collective Action", p.775.

23   이재연, 「작가, 매체, 네트워크」, 261쪽.

는 작가)는 엣지(edge, 선: 여기서는 소설 투고 수)에 의해 다른 노드(매체)로 연결된다. 다음 그래프는 잡지를 대상으로 1917년에서 1927년 사이 작가-잡지 네트워크를 검토한다.

소설 생산의 세계를 담은 이 공시적 이미지는 노드가 클수록 보다 큰 투고 수를 나타낸다. 노드가 중앙에 위치한다면 그것은 주변에서 쉽게 접근할 수 있다는 것을 의미한다. 여기서 『개벽』(그래프에서 2)과 『조선문단』(96: 이하 그래프 내의 번호를 지칭)은 대부분의 작가들을 유인하는 주요 잡지들이다. 이 두 잡지는 더 큰 노드들과 함께 중앙에 자리한다. 눈에 띄는 다른 노드들로는 『신여성』(71), 『조선지광』(414), 『어린이』(91), 『학생계』(103)가 있다. 『신여성』은 젊은 여성 독자를 대상으로 근대적인 지식을 제공하는 잡지였고, 『조선지광』은 카프(KAPF: 조선 프롤레타리아 예술가 동맹)의 지원을 받는 좌파 잡지였다. 『어린이』와 『학생계』는 아이와 청소년을 위한 잡지였다. 주독자층이 매우 다양함에도 우리는 이 잡지들이 가까운 거리에 위치한 이유를 찾을 수 있다. 『별건곤』(35), 『천도교회월보』(101)와 함께 『신여성』과 『어린이』는 『개벽』의 소위 자매지들로 같은 천도교 출판인에 의해 운영되고 발행되었다. 『개벽』과 『어린이』는 두 잡지 모두에 기고를 하고 천도교의 3대 교주인 손병희(1861-1922)의 사위가 되는 방정환(1899-1931)을 매개로 굵은 선으로 연결된다. 방정환, 박달성, 그 외 천도교 편집자들과 기자들은 자매지에도 기고를 했으며, 정기 기고자로 명망 있는 작가들의 인력 자원을 공유한 것으로 보인다.

[그림 3]은 천도교 잡지 형태보다 중요한 것이 세 동인에 속한 작가들의 위치라는 점을 보여 준다. 창조 동인인 김동인, 전영택, 이일, 오천석은 주변부에 위치한 『학생계』, 『반도시론』(132)은 물론 『영대』(512), 『서울』(46), 『서

광』(43)과 같은 인접한 잡지에도 기고하였다. 따라서 그들은 중앙의『조선문단』의 주요 세력을 구성하면서 그 영향력을 네트워크의 주변부로 확장한다. 또한 창조 동인들이 계몽을 위한 교육을 목표로 하는『청춘』(116)과 도쿄의 젊은 한국 유학생들이 운영한『학지광』(136)과 같은 1910년대 청년 잡지에도 자주 기고를 했다는 점에서 이들은 1910년대와 1920년대를 잇는 가교 역할을 한다.

다른 한편 그래프는 앞서 언급한 천도교 잡지들이 박영희, 이상화, 현진건, 나도향과 같은 백조 동인들에 의해『개벽』과『조선문단』에 연결되고 있음을 보여 준다. 이 연결에는『폐허』출신의 작가들도 한몫하였다. 다시 말해, 폐허 동인들은 1920년대 후반 두 유력 잡지의 관심을 동시에 누렸다. 비록 소설보다 시와 비평을 강조한 잡지의 성격 때문에 폐허 동인들의 소설 기고수는 상대적으로 적지만, 이들도 여전히 지명도 있는 작가들이었다. 네트워크가 시각적으로 보여 주듯이, 염상섭은『개벽』과『조선문단』이라는 주요 잡지를 연결하는 데 특히 두드러진 존재였다. 요약하자면, 1920년대 작가 네트워크에 대한 공시적인 분석이 보여 주는 바는 창조, 폐허, 백조 동인들이『개벽』과『조선문단』을 중심으로 문학적 세력을 연결, 확장하는 데 중요한 역할을 수행하였다는 것이다.[24]

『개벽』과『조선문단』을 연결하는 동인 작가들의 위상은 [그림 3]과 [그림 4]의 대조에서 더욱 두드러진다. [그림 3]은 총 29명의 동인 작가들이 서로 다른 정기 간행물에 한 기고를 보여 주는 반면, [그림 4]는 네트워크상의 비

---

[24] 원래 이 그래프는 창조, 폐허, 백조의 연결망을 색깔을 달리하여 표시하였으나 여의치 않아 흑백으로 표시하였다. 각 동인의 개별 연결망을 확인하고자 하는 독자는 영어 논문을 확인하기 바란다.

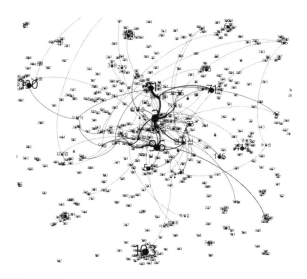

그림 3 ┃ 동인 작가-잡지 네트워크(1917-1927). 동화와 민담은 제외함.

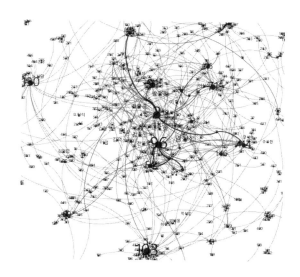

그림 4 ┃ 비-동인 작가-잡지 네트워크(1917-1927). 동화와 민담은 제외함.

동인 작가들의 위치를 보여 준다. 다시 말해, [그림 4]는 네트워크 전체에서 [그림 3]에 해당하는, 동인 작가들의 연결망을 제외한 부분을 보여 준다. 두 그래프의 대조가 직관적으로 보여 주듯이 주요 세 동인 잡지들을 통해 문학적 경력을 시작한 작가들은 『개벽』과 『조선문단』을 작품 출간의 주요 무대로 삼는다. 이들은 두 잡지 사이의 공간([그림]의 다이어그램에서 2와 96 사이)을 채우는 동시에 주변부의 군소 잡지들로 뻗어 가는 몇몇 시도들을 보여 준다. 이와는 대조적으로 비동인 작가들은 예의 주변부의 잡지들은 물론이고 『신여성』, 『조선지광』, 『천도교회월보』, 『청춘』과 같은 네트워크상의 중위 분포 잡지들을 포함해 『개벽』, 『조선문단』과 함께 왕성한 활동을 보여 준다. 하지만 비동인 작가들이 동시에 『개벽』과 『조선문단』과 연결되는 경우는 드물다는 점에서 이들의 세계는 마치 두 잡지를 대표하는 세력에 의해 양분된 것처럼 보인다. 말하자면 이 다이어그램들은 『개벽』과 『조선문단』에 의해 대표되고 확장되는 두 문학 집단의 핵심 연결고리를 형성한 것이 세 주요 동인 집단의 작가들이라는 이전 주장에 힘을 실어 주고 있다.

4. 동인 작가들에 대한 통시적인 분석

작가 네트워크의 공시적인 그래프는 세 주요 동인에 속한 소설 작가들의 전반적인 위상을 확인하는 데 도움을 준다. 하지만 엄밀한 의미에서 이 다이어그램들은 잡지의 수명 전체를 반영하지 않기 때문에 이 작가들과 매체 사이의 사회적 관계의 실제상을 보여 주는 것은 아니다. 『창조』, 『폐허』, 『백조』와 같이 단명한 잡지들이 마치 1917년에서 1927년까지 내내 출간이 이루어진 것처럼 제시되는 것이다. 게다가 우리는 각 집단 내에서 누가 가장 생산적인 작가인지, 해당 작가가 기간 내에 어느 잡지에 가장 자주 기고를 했는지를 확정할 수 없다. 따라서 이 절에서는 남성 위주의 동인 내의 여성 작가들에 좀 더 초점을 맞추면서 세 주요 동인 소속 작가들의 위상에 나타난 통시적인 변화를 검토한다. 각 시기의 중심 인물들을 살펴보며 우리는 김명순과 나혜석과 같은 여성 작가들이 남성 위주의 『창조』와 『폐허』의 성립에 실질적 역할을 담당했음을 확인할 것이다.

창조 동인의 1기에 관한 [그림 5]는 1919년 해당 잡지의 창간에 앞서 작가들의 활동을 보여 준다. 물론 "창조 동인의 1기"는 역사적으로 정확한 용어는 아니다. 그럼에도 창조 동인의 전사는 동인의 미래 구성원들 중 가장 활동적인 인물들을 명확히 드러내고 있다. 놀랍게도 김동인, 전영택, 김환을

반도시론

태서문예신보

학제광

ᅢ일신보 창조

이일

김명순

여자계

주요한

그림 5 | 창조 동인 1기(1917년 1월에서 1919년 1월까지)

포함해 애초에 잡지를 시작한 네 명 중에서 오직 주요한만 모습을 보이고 있다. 게다가 유일한 여성 구성원인 김명순(1896-1951)이나 1910년대 후반 의 한국문학장에 관한 현재 논의에서는 거의 잊힌 작가인 이일(1892-?)이 작 품 수에서 주요한을 능가한다. 이는 네 명의 주도로 잡지가 출범하기 이전 에 이미 덜 알려진 작가들의 손에서 창조 동인의 맹아가 싹트기 시작했음 을 의미한다. 특히 여성 작가인 김명순은 이후에 마치 이 남성 중심의 문학 동인을 보충하는 인원인 양 1920년 7월호(7호)를 위해 충원된 것으로 알려 진다. 이와 달리 창조 동인의 1기가 보여 주는 바는, 후에 창조 동인으로 알 려진 재능 있는 작가 집단을 결집시키는 데 핵심적인 역할을 한 것이 다름

조선·일보

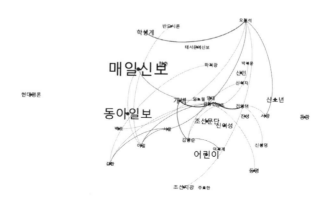

그림 6 │ 창조 동인 2기(1919년 2월부터 1923년 9월까지)

아닌 김명순이었다는 점이다.

창조 동인 2기를 보여 주는 [그림 6]에서 우리는 창조 동인이 당대의 정기 간행물들을 매개로 문학 네트워크를 가로질러 세를 확장해 가는 방식을 가늠해 볼 수 있다. 여전히 활동적인 김명순과 이일은 활동 무대에 『개벽』과 『신여자』를 포함하는 한편, 1910년대 유력한 잡지였던 『청춘』과 『태서문예신보』와는 결별한다. 『창조』를 중심으로 보면 창간을 주도한 네 작가의 존재가 분명히 두드러진다. 동인을 대표하는 김동인은 자신이 자금을 대고 편집한 『영대』와 명망 있는 『개벽』에 자주 기고했다. 전영택은 『서광』과 『신생명』과 같은 기독교 계열 잡지와 작업했다. 한편 김동인은 화가인 김환을 소설 작가로 인정하지 않았고, 『창조』에서 출간을 계속하길 거부한다.[25] 아마도 이것이 김환이 작품을 계속 출간했음에도 『창조』와 『개벽』이 있는 중심에서 떨어져 주변부에서 발견되는 이유일 것이다. 후일 문인이 아니라 교육자로 알려지게 되는 또 다른 활동적인 성원인 오천석은 자신이 편집자로 일하던 『학생계』와 심지어 다른 동인 잡지인 『백조』를 통해서도 작품활동을 했다. 하지만 『개벽』과 『창조』에는 거의 작품을 발표하지 않았기 때문에 그 또한 주변부에 위치한다.

[그림 6]은 2기의 주요 인물들과 함께 이 동인이 특정한 정기 간행물 형태를 선호했음을 시사한다. 문예를 포괄하는 총독부 신문과 잡지가 그것이다. 신문의 경우 창조 동인들은 총독부 관보인 『매일신보』에만 기고했으며, 한국인이 설립하고 지원한 『조선일보』나 『동아일보』 ―『시대일보』는 2기 동안 존재하지 않았다― 에는 기고하지 않았다. 이는 백조 동인들이 『조선일보』와, 폐허 동인이 1920년에서 1923년까지 『동아일보』와 긴밀한 관계를 맺은 것과는 매우 대조적이다. 총독부 신문과 작업하도록 신문의 편집자들이 창조 동인들을 끌어들인 것인지 동인들이 직접 결정한 것인지를 확인하기 위해서는 후속 연구가 필요하다. 하지만 분명한 것은 이 시기에 이일이 지속적으로 작품을 내고 새로 충원된 임노월이 이 신문을 위해서 소설을 번역하고 연재하면서 『매일신보』와의 연결이 강화되었다는 점이다. 잡지의 경우, 동인 이름을 "창조"라 붙이고 의기양양하게 "예술을 위한 예술"이라는 슬로건을 내건 사실이 말해 주듯이 창조 동인들은 문예지를 선호했다. 잡지마다 사회, 종교적 지향이나 대상 독자층이 다름에도 불구하고 이

25   김윤식, 『김동인 연구』, 120-121쪽.

그림 7 | 창조 동인 3기(1924년 10월에서 1927년 12월)

들은 일관되게 창작물을 출간하는 『개벽』, 『서울』, 『영대』, 『서광』과 작업했다. 한편, 널리 알려진 아이들 대상 잡지 『어린이』는 창조 동인들의 출간 목록에 보이지 않는다.

창조 동인이었던 작가들이 1920년대의 모든 주요 신문으로 세를 확장한 것은 3기에서다. 이러한 발전을 주도한 인물은 다름 아닌 김명순으로 그녀는 한편으로 『매일신보』와도 작업하면서도 『조선일보』와 『동아일보』에도 자주 기고하였다. 김명순이 다른 회원들보다 늦게 동인이 되었을 때만 해도 『창조』에 고작 몇 편의 시를 발표했을 뿐임을 기억하는 독자에게 이 그래프는 놀랍게 다가올 것이다. 『개벽』과 새롭게 떠오르는 『조선문단』 사이의 두터운 선은 분명 김동인과 전영택과 같은 주역들의 활동 덕분일 것이다. 하지만 김명순 또한 두 잡지와 관계를 맺고 창조 동인이 선호하는 잡지와 신문 사이에서 가교 역할을 했다. 달리 말해 그녀는 1기에 남성 작가들을 결속시키고 3기에 1920년대 동인들이 주요 신문과 잡지들과 더욱 밀접한 연계를 맺는 데 핵심적인 역할을 담당했다. 김명순의 활동이 동인지를 남성 작가들이 독점하는 데 대한 부정적인 결과에 대한 반발인지, 그래서 작품의 발행처를 다양화하는 것이 자신의 문학적 경력을 유지하기 위한 절박한 수단이었는지는 알 수 없다. 마찬가지로 이것이 다양한 정기 간행물들에 작품을 출간할 수 있었던 여성 작가라는 보기 드문 명성을 보여 주는 것인지도 알 수 없다. 하지만 분명한 것은 창조 동인을 논의하는 데 있어 그녀를 제외할 수는 없다는 점이다. 1917년에서 1927년까지 창조 동인의 성장은 남성 작가들의 경우와 마찬가지로 그녀의 공헌에도 빚지고 있다.

기존의 한국문학사에 따르면, 폐허 동인은 명망 있는 비평가 염상섭과 오상순 같은 상징주의 시인들이 주도했고, 이들은 모두 프랑스의 퇴폐주의 운동의 영향을 받았다.[26] 하지만 [그림 8]은 다른 양상을 보여 준다. 그 차이를 부분적으로 설명하자면, 폐허의 주된 관심이 시와 비평인 데 반해 그래프의 초점은 소설에 놓여 있다는 점으로 설명할 수 있다. 그렇지만 우리는 잡지의 출범 이전에 활발히 작품 활동을 하던 소설 작가들의 존재를 간과할 수 없다. 여성 잡지『여자계』,『매일신보』와 작업하던 화가 나혜석, 매우 이례적으로 창조 동인과 폐허 동인을 겸했던 시인이자 번역가인 김억, 상대적으로 덜 알려진 소설가 민태원이 그들이다. 나혜석이 식민정부의 신문

---

26   백철,『신문학 사조사』(개정증보판), 171쪽.

그림 8 ❘ 폐허 동인 1기(1917년 1월부터 1919년 1월까지)

과 여성 잡지 둘 모두에 작품을 발표한 것은 남성 작가들이 신문이나 잡지 어느 한쪽에 발표를 했지만 둘 모두에 발표를 한 적이 없다는 점을 감안하면 이례적으로 보인다. 그녀가 폐허 동인의 미래를 형성할 서로 다른 형태의 정기 간행물 간의 연결고리 역할을 한다고 할 수 있다. 창조 동인의 김명순의 경우처럼 여기서도 동인이 출범하기 이전에 활동하던 한 여성 작가의 존재는 폐허 동인의 잊힌 전사를 떠올리게 한다. 나혜석의 소설 발표는 이 시기에 동인의 다른 구성원들이 거의 소설을 발표하지 못했다는 점을 고려하면 이 동인의 전사에서 매우 중요한 성취로 여겨진다.[27]

한편, 폐허 동인 2기 동안 염상섭은 동인을 대표하는 유명인사였다. 하지

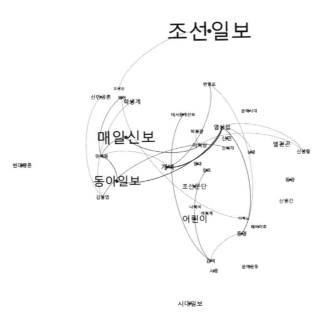

조선·일보

변영로
신만공론 오용순   문예시대
  학생계
        태서 예신보   문예시대
매일신보   학제광 염상섭
      이익상 신민
현대평론 민태원   신혀자
동아일보 가 ?   양도   청도   신벌간
    김벌엽   조선문단   신월간
        나혜   이덕근
어린이   이덕노
              폐허이후
              동명
          사종 문애운동
        시대일보

그림 9 │ 폐허 동인의 2기(1919년 2월에서 1923년 9월까지)

만 정작『폐허』는 그가 작품을 발표한 주요 매체에 들지 않는다. 이 잡지는
『폐허이후』를 제외하면, 2호까지만 발행되었을 뿐이고 게다가 초점이 시와
비평에 맞춰져 있었기 때문이다. 그런 까닭에 염상섭의 초기 중편인『표본
실의 청개구리』(1921)는『개벽』에, 다른 중편『해바라기』(1923)는『동아일보』
에 발표되었다. 폐허 동인과의 관계라는 측면에서 보면 염상섭, 민태원, 후

---

27   이광수가『무정』을 연재한 1년 후인 1918년에 나혜석의 자전적 이야기「경희」는 근대적인 여성
     의 도래를 예고했다. 계몽이라는 커다란 이상을 위해 헌신하는 열정적인 청년들을 묘사하는 이
     광수의 소설과는 달리, 나혜석의 작품은 결혼 초기 의무적인 가사를 하는 와중에 교육받은 여성
     이 겪는 일상과 독립적인 인간이 되려는 희망을 조명하고 있다. 이 원숙한 작품은 폐허 동인의
     전사에 속하는 나혜석의 위상을 더욱 강화해 준다.

일 카프의 일원이 되는 이익상의 작품을 실었다는 점에서『동아일보』와『매일신보』는 특별하다. 반면『조선일보』와 연결되는 작가는 오상순뿐이다. 이러한 대비는 폐허 동인이 선호한 신문 혹은 그 역의 관계를 간접적으로 드러낸다.

나혜석은 1920년의 결혼과 1922년의 만주 이주로 분주한 시기를 보냈다. 그녀는 1923년 모성을 여성의 본성으로 보는 견해를 부정하며 다시 세간의 주목을 받지만, 작품 활동에서는 그리 활발하지 못했다.[28] 그 대신 김원주(필명은 일엽)가 남편의 재정적 지원을 통해 발간한『신여자』를 통해, 또『매일신보』와『동아일보』를 통해 활발한 작품 활동을 했다. 이러한 주요 인물들의 활동에 힘입어 폐허 동인은 여성과 교육받은 독자층을 대상으로 하는 주요한 잡지와 유력 신문으로 영향력을 확장할 수 있었지만,『폐허』라는 잡지 자체는 이러한 네트워크의 중심에 있지 않았다.

[그림 10]이 보여 주듯이 염상섭은 1924년에서 1927년 사이에 각각 6개 작품과 5개 작품을『개벽』과『조선문단』에 기고하면서 이 두 잡지를 연결하는 데 있어 두드러진 역할을 했다. 또한 그는『시대일보』를 잇는 축이었다. 중편『묘지』(1922)는 좌파 계열『신생활』(1922-1923)에 연재되던 도중, 잡지가 총독부의 검열로 폐간되자 중단된다. 그러자 그는 제목을『만세전』(1924)으로 바꿔 가며 자신이 사회부 부장으로 일했던『시대일보』에 연재한다. 이와 같은 노력에 힘입어 폐간 이후 폐허의 영향력은 기존의『매일신보』와『동아일보』에 더해『시대일보』를 포괄하기에 이른다.『조선일보』의 경우는 어떨까? 여기서 이익상에게 관심을 갖게 되는데, 그는『매일신보』,『개벽』,『문

---

28   나혜석, 「모된 감상기」,『동명』(1923.1.1-21.).

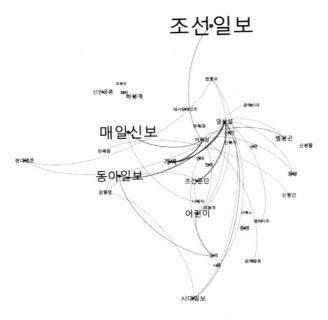

그림 10 ┃ 폐허 동인 3기(1924년 10월에서 1927년 12월)

예운동』, 그리고 『조선일보』까지 포함한 다양한 매체와 함께 작업을 했다. 염상섭과 나혜석과 같은 동료보다 덜 알려지긴 했지만 이익상은 파스큘라 PASKYULA 같은 초창기 좌파 문학조직에서 활동했다.[29] 그는 또한 나카니시 이노스케(1887-1958)의 『너희들의 등 뒤에서』(1923)와 같은 좌익 동조자의 작품을 번역하기도 했다. 1기의 나혜석, 2기의 염상섭과 김원주, 3기의 이익상과 같은 폐허 동인들은 활발한 문학 활동을 통해 1920년대 문학 네트워크를 가로지르는 강력한 연결망을 구축했으며, 이는 단명에 그친 그들의

---

29   이 조직의 이름은 구성원들의 머리글자를 조합해서 만들었다.

잡지의 한계를 넘어서는 것이었다.

백조 동인은 다른 동인들에 비해 뒤늦게 문학장에 등장했다. 김기진 (1903-1985), 박영희, 나도향과 같은 핵심 성원들은 서울의 배재학당 학생들로 서로 친교를 맺었다.[30] 그래서 백조 동인은 구성원들의 다채로운 지역 배경과 문학적 지향 때문에 흔히 첫 동인인 창조와 비교, 대조되곤 한다. 두 집단의 구성원들은 동일한 세대로 모두 1900년대 초에 태어나 10대 후반이나 20대 초반에 문학적 경력을 시작했다. 하지만 평양 출신들로 구성된 창조 동인들이 "예술을 위한 예술"을 주창한 데 반해, 서울 토박이인 백조 동인들의 초기 낭만주의에 대한 관심은 고전에 기반한 문학으로 옮겨 갔다.

앞서 언급한 역사적 설명에 익숙한 학자들에게 백조 동인의 1기는 네트워크에 등장한 이름이 잡지의 젊은 선구자들로 알려진 김기진이나 박영희가 아니라 앞선 세대에 속하는 방정환이라는 점이 놀랍게 다가올 것이다. 방정환은 '어린이'라는 말을 두루 알리고 어린이날을 제정한 인물이다. 천도교 지도자 손병희의 사위였던 방정환은, 평등이라는 종교적 이념을 사회 개혁을 통해 구현하고자 한 천도교 청년회의 주요 구성원이기도 했다. 이런 연유로 1920년대, 그의 젊은 시절의 활동은 다분히 좌파적인 색채를 띠고 있다. 그래프에 따르면 이 중요한 인물은 『천도교회월보』와 빈번히 작업을 하는 와중에 백조 동인의 전사를 이루는 활동을 시작했다.

[그림 12]는 백조 동인들이 『백조』에 기반을 두고 다양한 매체들로 확장해 가는 시기인 2기에 초점을 맞추고 있다. 소설 작가들 사이에 천재로 명성이 자자했던 나도향은 몇 편의 단편을 시도한 후에 『동아일보』에 장편

---

30   김병익, 『한국 문단사』, 72쪽.

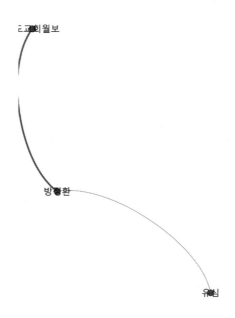

그림 11 ┃ 백조 동인 1기(1917년 1월부터 1919년 1월까지)

『환희』(1922-1923)를 성공적으로 연재한다. 인물의 심리적 세부를 묘사하는 데 뛰어난 재능을 보인 그는 『개벽』과 『백조』에 단편들을 발표하면서 명성을 이어 간다. 두 잡지의 다른 연결선은 현진건에 의해 『조선일보』로 확장된다. 뛰어난 단편 작가인 현진건은 인물들의 예기치 못한 갑작스러운 극적 반전으로 유명했다. 잡지 『백조』와 『개벽』에서 신문 『동아일보』와 『조선일보』로의 연결은 『개벽』의 발간에 관여하는 한편 『어린이』에 60편에 달하는 동화와 민담을 발표한 방정환에 의해 강화되고 확장되었다. 하지만 눈치 빠른 독자라면 감지했을 법하게 백조 동인 2기의 가장 두드러진 점은 『매일신보』와 전혀 연결이 없다는 것이다. 다른 두 동인 창조와 폐허가 그

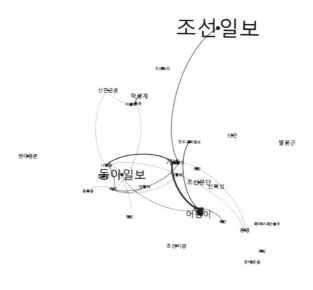

조선·일보

조선농인

신만공론
학생계
어요백영

현대병론

신민

별건곤

전도교의일보
나"경
동아일보
개"기
송"운회
조선문단진예성

조선지광

동명

문예운동

시대일보

그림 12 │ 백조 동인 2기(1919년 2월에서 1923년 9월까지)

들의 전사(1기)에 총독부 신문과 관련을 맺고 있었던 사실을 고려하면 백조 동인의 사례는 더욱 이례적으로 다가온다. 이는 『매일신보』가 문학 집단에 끼친 영향이 고르지 않았고 또 문학 도제 집단이 문학장에 들어오고 경력을 유지하는 데 필수적인 요소도 아니었음을 시사한다.

백조 동인 2기에 『개벽』과의 연결은 박영희가 1925년부터 문예란의 편집자가 되어 김기진 같은 동료 작가들의 기고를 받으면서 더욱 다변화한다. 한때 "예술을 위한 예술" 진영에 깊숙이 관여했던 이 두 작가는 이제 문학적 지향을 옮겨 식민지 빈민들의 비참한 삶을 직시하는 "생활을 위한 예술"을 주장한다.[31] 천도교의 세속적인 개혁운동에, 새로 소개된 계급투쟁에 기반

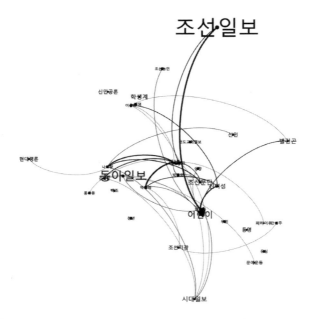

그림 13 ┃ 백조 동인의 3기(1924년 10월에서 1927년 12월까지)

을 둔 마르크스주의 이념을 접목한 김기진과 박영희는 경제적 평등이 이루
어진 사회의 도래를 선도하는 문학을 요청했다.[32] 이들의 정신은 1기부터
활동한 어린이 문학의 제창자로, 『시대일보』와 『조선일보』로 활동을 넓혀
동화를 기고하던 방정환과 부합하는 것이었다. 그 결과 2기에 중앙의 『개
벽』에서 『백조』, 『조선일보』, 『어린이』로 이어진 세 연결선은 3기에 이르러
전방위로 더욱 두텁고 복잡하게 뻗어 나간다. 하지만 여전히 백조의 동인

---

31   이철호, 『영혼의 계보: 20세기 한국문학사와 생명담론』, 286쪽.

32   한기형, 「『개벽』의 종교적 이상주의와 근대문학의 사상화」.

은 누구도 『매일신보』에 작품을 발표하지 않는다. 이것이 백조 동인들의 식민정부에 대한 저항에서 비롯한 것인지 아니면 단순히 신문의 편집진과 개인적인 연고가 없었기 때문인지는 더 논의가 필요하다. 혹은 작품 발간 기록이 완전하지 않아 필요한 자료가 누락되었을 가능성도 배제할 수 없다. 하지만 분명한 점은 1920년대의 주요 소설 작가들로 구성된 세 동인 집단이 다양한 매체들과 맺는 관계에 있어서 각각 서로 다른 성장 경로를 밟았다는 것이다. 각각의 시기에 작가-매체 네트워크에 대한 통시적인 분석이 없었다면 각 동인의 전사를 포함해 이러한 경로들이 검토될 수 없었을 것이다.

맺는말

나의 고고학에서 발자크와 스탕달은 여타 생산자들과 마찬가지로 경제적, 문화적 수익을 약속하는 장르 시장에서 틈새를 노리는 문학 생산자들로 등장한다. […] 발자크와 스탕달은 작품 활동을 시작하며 소설의 지배적인 실천 양식 ―여성 작가들의 감상소설― 을 적대적으로 인수하면서 시장의 점유율을 확보하고자 했다.[33]

본 연구는 정기 간행물에 의해 매개된 1920년대 한국의 문학장을 공시적으로, 또 통시적으로 접근하였다. 먼저, 자료에 대한 공시적 분석을 통해 잡지와 관련한 작가들의 입지를 살펴보았다. 이를 통해 창조, 폐허, 백조 등 3대 동인들의 입지는 『개벽』과 『조선문단』이라는 두 주요 잡지를 중심으로 배치되어 있음을 확인할 수 있었다. 또한 우리는 소수의 동인 집단들이 문학생산의 장에서 고립되어 있는 것이 아니라 상호 연결되어 네트워크의 중심에서 복잡하게 연결되고 있음을 알 수 있었다. 공시적인 네트워크가 보여 주는 이러한 복잡성은 시간의 흐름에 따른 동인 작가들의 역동적인 확

---

33   Margaret Cohen. *The Sentimental Education of the Novel*, p.6.

장을 시사한다. 두 번째 접근법의 목적은 네트워크를 배경으로 시기별("동인 작가의 시대" 이전, "동인 작가 시대", "동인 작가 시대" 이후) 세 동인에 속한 작가들의 위상 변화를 검토하는 것이었다. 이를 통해, 창조나 폐허 동인과 별반 관련이 없었던 것으로 알려진 김명순, 나혜석이 각 동인의 전사 시기에 상당히 중요한 역할을 담당했던 사실이 드러났다. 또한 신문이란 매체가 각각의 문학 집단의 형성과 확장에 다양한 층위에서 관계하고 있음을 확인할 수 있었다. 『매일신보』는 창조와 폐허 동인들을 다른 작가들과 연결시키는 주요 통로 중에 하나였지만 백조 동인과 관련해서는 그렇지 않았다. 문학 집단의 성장에 대한 통시적인 접근은, 지금껏 드러나지 않았던 군소 작가들과 여러 정기 간행물 사이의 다양한 상호작용을 보여 주었고 1920년대 문학장 구축에 있어 작가와 매체가 맺었던 복잡한 연결의 과정을 상상할 수 있도록 해 주었다.

앞서 언급한 발견 가운데 가장 중요한 점은 여성 작가들이 남성 중심의 문학 동인의 전사를 구성하고 있다는 사실이다. 이광수가 한국 최초의 장편소설 『무정』의 연재를 시작했던 1917년, 같은 해에 김명순이 자신의 첫 소설 「의심의 소녀」를 발표했다. 일 년 후인 1918년에는 나혜석이 유명한 단편 「경희」를 발표한다. 이는 1919년 이후로 문학장에 들어오는 창조의 김동인, 폐허의 염상섭, 백조의 나도향과 같은 후배 남성 작가들보다 앞서는 것이다. 우리는 문학장에서 김명순과 나혜석의 존재가 남성 작가들의 이목 —때론 불편했을— 을 받으면서 저마다 자기 집단의 일원으로 끌어들이려는 시도의 대상이 되었음을 알고 있다. 하지만 한국 근대문학 형성기에 남성과 여성 작가들이 거의 나란히 등장했다는 사실은 그간 문학사회학적 설명이 필요한 문제가 아닌 그저 역사적인 기술의 대상으로만 취급되어 온 것으로 보인다. 여성 작가들이 주도한 근대문학사를 포함해 다수의 페미니즘 문학의 성과가 있었다.[34] 그러나 남성 주도의 동인 집단의 형성 이전부터 여성 작가들이 활약했다는 사실은 그동안 제대로 조명을 받은 적이 없었던 듯싶다.

이에 관한 한 가지 생각을 프랑스 여성 작가들의 위상을 연구한 마거릿 코헨에게서 찾을 수 있다. 코헨은 18세기에 발자크와 스탕달의 리얼리즘이 어떻게 등장했는가를 질문하면서 그러한 리얼리즘이 자연히 등장한 것이 아니라 감상성sentimentality의 문법에 정통했던 여성 작가들과 치열하게 경쟁하면서 부상한 것이라고 주장한다.[35] 그녀의 주장은 1920년대 한국문학의 상황과 관련해 여러모로 시사하는 바가 크다. 1920년에 작가들은 감정을 통제하는 유교적 군자의 모델을 거부하면서 불가해한 자아를, 구속되지 않은 감정의 관찰자로 자리매김하려 했다.[36] 특히 창조 동인들은 허구이든 사실이든 눈물을 자아내는 이야기들을 공유하면서 자신들의 사회적 유대와 창조적인 우정을 공고히 하려 했다.[37] 1920년대 한국 정기 간행물에 감상적인 이야기가 넘쳐 나던 상황을 고려할 때 우리는 감정 표현을 둘러싼 무대에서 당시의 남성 작가들이 여성 작가들과 경쟁하는 모습을 떠올려 볼 수 있다. 앞으로 문학에 대한 정량적인 접근을 통해 기존의 문학사에서 잊힌 작가들 그리고 그들과 관련된 사건들을 발견하고, 문학사회학을 통해 대안적인 서사에 대한 우리의 이해를 심화할 수 있기를 기대한다.

34   이상경, 『한국근대여성문학사론』.

35   Margaret Cohen. *The Sentimental Education of the Novel*, pp.6-10.

36   황종연, 「문학이라는 역어(譯語)」.

37   Jae-Yon Lee, "Authors as Creators of Art", pp.93-95.

참고자료

권영민 편,『한국 근대문인 대사전』, 서울: 아세아문화사, 1990.

김근수 편,『한국잡지개관 및 호별목차집』, 서울: 영신아카데미 한국학 연구소, 1973~1975.

김병익,『한국 문단사』, 서울: 문학과지성사, 2008.

김윤식,『김동인 연구』, 서울: 민음사, 2000.

_____,『염상섭연구』, 서울: 서울대학교출판부, 1987.

_____,『이광수와 그의 시대』1~2, 서울: 솔, 1999.

김현주,『사회의 발견: 식민지기 '사회'에 대한 이론과 상상, 그리고 실천 (1910~1925)』, 서울: 소명, 2013.

나혜석,「모된 감상기」,『동명』(1923.1.1~21.).

박헌호 외,『작가의 탄생과 근대문학의 재생산 제도』, 서울: 소명, 2008.

백철,『신문학 사조사』(개정증보판), 서울: 신구문화사, 1980.

숙명여자대학교 한국어문화연구소 편,『한국여성문인사전』, 파주: 태학사, 2006.

이상경,『한국근대여성문학사론』, 서울: 소명, 2002.

_____ 편,『부인 신여성』, 서울: 케포이북스, 2009.

이선영,『한국문학의 사회학』, 서울: 태학사, 1993.

이재연,「작가, 매체, 네트워크 -1920년대 소설계의 거시적 조망을 위한 시론-」,『사이間SAI』17, 2014.

이철호,『영혼의 계보: 20세기 한국문학사와 생명담론』, 파주: 창작과비평, 2013.

전영택,「野心滿滿한그題號」,『조선일보』(1996.9.20.),『한국 문단의 역사와 측면사』, 국학자료원 편집부 편, 서울: 국학자료원, 1996.

조남현,『한국문학잡지사상사』, 서울: 서울대학교출판문화원, 2012.

조연현,『한국현대문학사』, 서울: 성문각, 1977.

조영복,『1920년대 초기 시의 이념과 미학』, 서울: 소명, 2004.

최동호, 최유찬 편,『한국 근대잡지 소재 문학 텍스트 연구』1~4, 서울: 서정시학, 2012-2013.

최명표,『한국 근대 소년문예운동사』, 광명: 경진, 2012.

최수일,『개벽 연구』, 서울: 소명, 2008.

한기형,「『개벽』의 종교적 이상주의와 근대문학의 사상화」,『상허학보』17, 2006.

황종연,「문학이라는 역어(譯語)」,『동악어문학』32, 1997.

Becker, Howard S. "Art as Collective Action." *American Sociological Review*, vol. 39, no. 6, 1974, pp.767-776.

Cohen, Margaret. *The Sentimental Education of the Novel*, Princeton: Princeton University Press, 1999.

Granovetter, Mark S. "The Strength of Weak Ties." *American Journal of Sociology*, vol. 78, no. 6, 1973, pp.1360-1380.

Jockers, Mathew L. *Microanalysis: Digital Methods and Literary History*, Urbana: University of Illinois Press, 2013.

Kaudushin, Charles. *Understanding Social Networks: Theories, Concepts, and Findings*, New York and London: Oxford University Press, 2011.

Lee, Jae-Yon[이재연]. "Authors as Creators of Art: The Collaborative Shaping of Literary Writers in Ch'angjo." *Journal of Korean Studies*, vol. 20, no. 1, 2015, pp.77-111.

Lee, Ji-Eun. *Women Pre-scripted: Forging Modern Roles through Korean Print*, Honolulu: University of Hawaii Press, 2015.

Moretti, Franco. "Conjectures on World Literature." *New Left Review*, no. 1, January-February, 2000, pp.54-68.

_____. *Graphs, Maps, Trees: Abstract Models for a Literary History*, New York: Verso, 2005.

Scott, John. *Social Network Analysis*. 3rd ed., London: Sage, 2013.

So, Richard J. & Hoyt Long. "Network Analysis and the Sociology of Modernism." *Boundary 2: An International Journal of Literature and Culture*, vol. 40, no. 2, 2013, pp. 147–182.

Watt, Ian P. *The Rise of the Novel: Studies in Defoe, Richardson and Fielding*, Berkeley: University of California Press, 1957.

Chapter 3.

디지털 인문학과
영미문학 교육:
4학기 동안의 실험

김용수

한림대학교 영어영문학 교수

여는 말

    디지털 인문학은 컴퓨터 기술이 제공하는 새로운 방법론으로, 인문학 연구를 심화·발전시키고 인문학 지식과 통찰을 디지털 매체를 통해 공유·확산하여 인문학에 활력을 불어넣으려는 시도로 등장하였다. 특히 17세기 과학혁명 이래 점층적으로 가중된 인문학의 위기 상황을 타개할 수 있는 유력한 대안으로 2000년대 초부터 대중과 학자들의 관심을 받기 시작했고, 이후 급속한 발전을 거듭하여 현재는 주류 학문에서 무시할 수 없는 중요한 분과 학문으로 자리 잡고 있다. 실제로 현재 미국의 주요 대학 중에서 연구소, 프로젝트, 전공, 프로그램 등의 디지털 인문학 관련 제도를 하나라도 갖추지 않은 곳을 찾기 어려울 정도로 빠르게 성장하고 있다. 디지털 인문학은 또한 이념적으로는 탈권위적이고 비상업적인 반문화의 전통 속에서 '오픈 소스'나 '창조적 공유'와 같은 개방과 공유의 정신을 적극적으로 실천하는 독특한 특징을 지닌다.[1] 한국에서도 미국과 거의 비슷한 시기에 디지털 인문학에 관한 논의가 시작되었다. 특히 2001년에 나온 책『디지털 시대의 인문학, 무엇을 할 것인가』는 디지털 인문학이라는 용어를 처음 사용했

---

[1]   "The Digital Humanities Manifesto 2.0(「디지털 인문학 선언문 2.0」)" 참조.

을 뿐만 아니라 상당한 수준의 인식과 통찰을 제공하였다. 이후 문화콘텐츠 개념의 등장과 인문콘텐츠학회의 창립(2002)은 한국의 디지털 인문학이 서구의 흐름과는 다르게 문화 산업과의 긴밀한 연관 속에서 특유의 상업적 지향을 띠게 되는 결과로 이어졌다.[2]

영미권에서 디지털 인문학을 가장 적극적으로 그리고 주도적으로 수용하고 있는 학문 분야는 영문학이다. 연구자도 상대적으로 많을 뿐만 아니라 연구 프로젝트나 정식 교과목 형태로 교육과정 속에 빠르게 진입하고 있다. 오죽하면 "Technology Is Taking Over English Departments: The False Promise of the Digital Humanities「기술이 영문학과를 접수하고 있다: 디지털 인문학의 거짓 약속」"(2014)라는 글이 『뉴리퍼블릭New Republic』이라는 저명 잡지에 실릴 지경이다.[3] 특히 프랑코 모레티Franco Moretti가 세우고 주도했던 스탠퍼드대학 문학실험실Stanford Literary Lab은 수준 높은 성과물을 꾸준히 발표하며 이 분야를 선도하고 있다.[4] 더구나 연구 성과를 기존의 학술지가 아니라 자체 누리집에 온라인 논문의 형태로 공개하여 누구나 무료로 내려받을 수 있게 함으로써 디지털 인문학의 개방과 공유의 정신을 실천하고, 나아가서 연구 성과 출판 방식의 혁신을 보여 준다. 최근 네브래스카대학 영문학과 교수인 매슈 자커즈Matthew L. Jockers는 어휘 분석에서부터 토픽 모델링, 관계망 분석 등에 이르는 다양한 기법을 활용하여 19세기 미국소설의 거대한 말뭉치를 분

---

2 서구의 디지털 인문학과 비교하며 한국 디지털 인문학의 역사를 비판적으로 검토한 논문으로 졸고 『한국의 디지털 인문학: 위기, 희망, 현실』 참조.

3 Adam Kirsch. "Technology Is Taking Over English Departments: The False Promise of the Digital Humanities." *The New Republic*, 2014.05.02. https://newrepublic.com/article/117428/limits-digital-humanities-adam-kirsch (2021.07.08. 확인)

4 Stanford Literary Lab. https://litlab.stanford.edu (2021.07.08. 확인)

석한 *Macroanalysis: Digital Methods and Literary History*『거시분석: 디지털 방법론과 문학사』(2013)를 출판함으로써 디지털 영문학 분야에 중요한 이정표를 세운 바 있다. 영문학 분야 최대 학술 단체인 현대언어학회Modern Language Association도 엠엘에이 공유MLA Commons라는 온라인 플랫폼을 만들어 인문학 관련 연구 성과들과 디지털 프로젝트들이 무료로 공유되고 토론되는 장을 마련했다.[5] 여기서 제공하는 연구 성과 중 하나인 *Literary Studies in the Digital Age: An Evolving Anthology*『디지털 시대의 문학연구: 열린 선집』은 디지털 영문학 분야 전문가들의 논문집이지만 종이책이 아닌 웹상의 디지털 텍스트로서 누구나 무료로 논문을 읽고 논평을 남길 수 있으며 지속적으로 새로운 논문이 추가되는 실험적인 저서다.[6] 디지털 기술의 유연함과 상호작용 가능성을 십분 활용하는 이 책은 학술 출판의 새로운 전형을 보여 주는 신선한 시도가 아닐 수 없다.

　디지털 인문학은 비단 연구 영역에만 한정되지 않고 교육 분야를 혁신할 수 있는 무한한 잠재력을 지니고 있다. 디지털 기술이 제공하는 새로운 가능성들은 학습의 내용과 방식부터 교수와 학생, 학생과 학생의 관계, 교육의 장소와 시간, 성취의 평가와 공유에 이르기까지 교육의 전 영역에서 더 나은 교육을 향한 실험과 실천을 자극하고 있다. 그러나 교육에 대한 디지털 인문학자들의 관심은 연구에 비해 상대적으로 적은 편이다. *Digital Humanities Pedagogy: Practices, Principles and Politics*『디지털 인문 교육: 실천, 원칙, 정치』

5　　MLA Commons — An online community for MLA members. https://mla.hcommons.org (2021.07.08. 확인)

6　　Literary Studies in the Digital Age ｜ An Evolving Anthology. https://dlsanthology.mla.hcommons.org/ (2021.07.08. 확인)

(2012)를 펴내며 허쉬Brett D. Hirsch는 학자들의 관심이 주로 이론과 연구에 치우쳐 있어 교육이 디지털 인문학 논의의 변방으로 밀려나 있다고 지적한 바 있다.[7] 교육에 대한 상대적 경시는 디지털 인문학 관련 최근 성과들을 모아 놓은 *Debates in the Digital Humanities*『디지털 인문학 논쟁』(2012)에서도 확인된다. 모두 29편의 논문 중 네 편만이 교육 관련 주제를 다루고 있는데 이런 경향은 더욱 심화되어 4년 뒤에 출판된 *Debates in the Digital Humanities 2016*『디지털 인문학 논쟁 2016』에서는 총 50편의 글 중 교육 관련 글은 단 두 편뿐으로 그 비중이 크게 줄어들었다.[8] 하지만 이것이 디지털 인문 교육의 질적 수준이 낮거나 성과가 미미하다는 것을 의미하지는 않는다. 특히 영미문학 교육과 관련하여 참신한 시도와 성과들이 적지 않아 우리가 관심을 기울이고 주목할 만한 가치가 충분하다.

　본 논문은 디지털 기술의 가능성과 디지털 인문학의 통찰을 영미문학 교육에 접목하려는 국내외 논의와 사례들을 살펴보고, 대학의 영미문학 교육과정 속에서 필자가 2015년 2학기부터 2017년 1학기까지 4학기 동안 시도한 실험의 성과와 한계를 공유하고자 한다.

7　　Brett D. Hirsch, "〈/Parentheses〉: Digital Humanities and the Place of Pedagogy", pp.3-5.

8　　2019년에 나온 *Debates in the Digital Humanities 2019*(『디지털 인문학 논쟁 2019』)에서도 상황은 크게 다르지 않다.

1. 디지털 영미문학 교육: 국내외 연구 및 사례

    지금까지 문해력literacy은 문자 그대로 글을 읽고 쓰는 능력으로 이해되어 왔다. 인문학은 거의 전적으로 텍스트에 기반하고 있으며 글을 잘 읽고 쓸 수 있는 언어적 소양은 인문학 교육의 근간을 이룬다. 영미문학 교육에 있어서도 영어 텍스트의 이해와 표현 능력, 즉 영어 문해력은 가장 근본적으로 요구되는 소양이고 학습의 중요한 목표이기도 하다. 영미문학을 교육하면서 우리는 학생들이 문학 텍스트를 깊이 이해하고 비판적으로 분석하며 나아가서 자신의 해석을 말과 글로 설득력 있게 표현하길 바란다. 디지털 인문학이 가져온 가장 큰 변화 중 하나는 문해력이 텍스트를 배제하는 것도 아니지만 그렇다고 그것에 한정되는 것도 아니라는 인식이다. 문해력은 텍스트를 포함하여 이미지, 영상, 소리와 같은 다매체, 정형·비정형의 데이터, 나아가서 디지털 기술에 대한 이해와 그 활용까지 포괄하는 보다 넓은 개념이라는 것이다. 특히 이 모든 것이 디지털 기술로 통합되는 과정에서 디지털 문해력의 중요성은 더욱 커지고 있다.

    문해력 개념의 확장이 가장 확연하게 드러나는 교육 현장이 영어 작문 수업이다. 비요크Olin Bjork는 "Digital Humanities and the First-Year Writing Course「디지털 인문학과 신입생 작문 수업」"이라는 제목의 논문에서 작문 교육이 문법과 수사학뿐만 아니라 시청각 매체와 말뭉치corpus, 디지털 도구 등을 포함하는 "다중 문해력multiliteracies"을 받아들이고, "학생들이 다양한 양식의 디지털 대상을 생산하는 것"을 수업에 도입해야 한다고 주장한다.[9] 그는 실제로 이러한 교육 철학을 조지아 공과대학Georgia Institute of Technology 신입생 대상 영작문 수업에 적용하여 학생들과 디지털 프로젝트를 진행한 경험을 이 논문에서 공유한다. 특히 질적 프로젝트로는 학생이 선택한 인문학 텍스트에 "부연설명과 이미지, 소리, 동영상"을 추가하는 일종의 다매체 전자책e-Book 만들기 작업, 그리고 양적 프로젝트로는 인문학 텍스트로 말뭉치를 구축하고 텍스트 분석 도구를 이용하여 의미 있는 결과를 찾아내는 텍스트마이닝 text mining 활동을 소개한다.[10] 이처럼 문해력 개념의 확장은 자연스럽게 디지털 도구를 적극적으로 활용하는 프로젝트 중심 수업으로 이어진다.

　디지털 기술을 이용한 프로젝트 중심 수업의 가능성이 비단 영어 작문 수업에만 한정되지는 않을 것이다. 본격적인 영미문학 강의에서도 디지털 인문학의 아이디어와 도구들을 프로젝트 활동의 일환으로 도입할 수 있는 여지는 충분하다. 가령 스워포드Joanna Swafford는 미국 학부생을 대상으로 한 문학 수업에서 셜록 홈즈를 주제로 시각화, 디지털 아카이브, 지도, 텍스트 분석 등 기본적인 디지털 인문학 방법론을 적용하는 사례를 소개한다.[11] 먼저 온라인 전시 플랫폼인 오메카Omeka[12]를 이용하여 학생들이 이미지, 동영

9　　Olin Bjork. "Digital Humanities and the First-Year Writing Course", p.100.

10　　Olin Bjork. "Digital Humanities and the First-Year Writing Course", p.110.

11　　Joanna Swafford. "Teaching Literature Through Technology: Sherlock Holmes and Digital Humanities." https://jitp.commons.gc.cuny.edu/teaching-literature-through-technology-sherlock-holmes-and-digital-humanities (2021.07.07. 확인)

12　　Omeka. https://omeka.org (2021.07.07. 확인)

상, 소리, 누리집 등의 다양한 홈즈 관련 대상들을 업로드하면서 일종의 박물관 전시 큐레이션을 진행한다. 또한 단어 빈도 시각화 도구인 워드클라우드word cloud[13]와 특정 단어의 문맥을 보여 주는 워드트리word tree[14]로 텍스트 분석의 기본을 실습하고, 문학작품 속의 지리 정보를 지도 위에 재현하여 공간 분석을 시도하기도 한다. 스워포드의 〈Digital Tools for the 21st Century: Sherlock Holmes's London21세기의 디지털 도구들: 셜록 홈즈의 런던〉 수업은 전통적인 자세히 읽기와 디지털 인문학적인 멀리서 읽기distant reading를 결합함으로써 문학 수업을 텍스트에 대한 이해와 함께 풍요로운 문화비평의 장으로 만들어 낸 좋은 예이다.

프로젝트 중심의 교육이 학생과 학생, 학생과 교수 사이의 협업으로 이어지는 것은 자연스럽고도 불가피한 일이다. 디지털 인문학 연구가 요구하는 전문성과 규모는 개별 연구자가 감당할 수 있는 범위를 훌쩍 뛰어넘기 때문이기도 하거니와 대학 수업 내에서 이루어지는 소규모의 프로젝트도 학생 혼자 수행하기에 버거운 경우가 허다하다. 물론 개인 프로젝트가 아예 불가능한 것은 아니다. 하지만 서너 명 정도의 공동 프로젝트가 훨씬 효율적이고 결과도 나은 게 사실이다. 그뿐만 아니라 학생들이 다른 학생 그리고 교수와의 협업 경험을 쌓아 나가면서 더 큰 규모와 보다 다양한 전문성을 요구하는 프로젝트를 구상하고 직접 수행할 수 있는 기회도 열린다. 협업은 개별 수업 안에서도 이루어지지만 수업의 테두리를 넘어 대학 내의 여러 강좌 사이에 일어날 수 있고, 심지어 대학을 넘어 다른 대학, 지역사

---

13   Wordle - Beautiful Word Clouds. http://www.edwordle.net (2021.07.07. 확인)

14   Word Tree - Jason Davies. https://www.jasondavies.com/wordtree (2021.07.07. 확인)

회, 일반 시민에까지 확대될 수도 있다.

　이런 식의 대학 간 협업 수업을 실험한 혁신적인 시도로 가장 주목할 만한 사례는 〈Looking for Whitman: The Poetry of Place in the Life and Work of Walt Whitman휘트먼을 찾아서: 월트 휘트먼의 삶과 작품에 나타난 장소의 시학〉이라는 교육 프로젝트이다.[15] 골드Matthew K. Gold에 따르면 이 프로젝트는 휘트먼을 주제로 서로 다른 장소에 위치한 네 개 대학[16]의 독립적인 문학 수업을 네트워크로 연결하여 학생들이 각각의 장소와 연관된 연구·조사를 실시하고 이를 서로 공유·협업함으로써 공동으로 학습한다는 대담한 아이디어에 기초하고 있다. 각각의 수업은 고유한 과제와 프로젝트도 진행하지만 동시에 모든 수업에 해당되는 공동의 과제와 프로젝트를 수행하고, 이 모든 활동을 공동 웹사이트에서 공유함으로써 참여자 간 활발한 토론과 상호작용이 가능하게 한다. 개별 수업의 독자성을 살리면서도 네트워크 연결성을 최대한 활용하는 방식의 「휘트먼을 찾아서」 프로젝트는 특정한 장소에 한정되지 않는, 보다 광범위한 협업을 가능하게 할 뿐만 아니라 어떤 주제에 관한 보다 다양하고 종합적인 이해와 통찰을 열어 준다는 점에서 주목할 만하다.

　국내에도 디지털 인문학 관련 교육 사례가 여럿 있지만[17] 영미문학 교

15　Looking for Whitman: The Poetry of Place in the Life and Work of Walt Whitman. http://lookingforwhitman.org (2021.07.07. 확인)

16　네 개 대학은 휘트먼이 거주하던 주요 지역인 뉴욕, 워싱턴 DC, 뉴저지 캠던에 위치한 뉴욕시립공과대학[New York City College of Technology(City Tech)], 뉴욕대학교(New York University), 메리워싱턴대학교(University of Mary Washington), 럿거스대학교-캠던(Rutgers University-Camden)이다. 프로젝트 진행 중 뉴욕대학교 대신 세르비아의 노비사드대학교(University of Novi Sad)가 합류함으로써 참여 대학의 범위는 국제적으로 확대되었다. Matthew K. Gold. "Looking for Whitman: A Multi-Campus Experiment in Digital Pedagogy", p.155.

17　한국에서 디지털 인문학을 학부 전공 교육에 적극적으로 도입한 사례로는 서울대학교 '인문데이터과학' 연계전공, 아주대 인문대학 디지털인문학트랙, 이화여대 스크랜튼대학 디지털인문학트

육에 이를 적용한 예는 매우 드문 것이 사실이다. 이런 맥락에서 안종훈의 「디지털인문학과 셰익스피어 읽기」에 나타난 사례는 대단히 중요한 가치를 지닌다. 디지털 기술을 주로 경제적 효용성과 연관시키는 등 디지털 인문학에 대한 인식이 아쉽기는 하지만[18] 전통적인 영미문학 교육에 디지털 인문학적 방법론을 적용한 드문 시도 중 하나라는 점에서 높이 평가할 만하다. 안종훈은 학생들 간의 공동 작업, 상호텍스트적 해석, 이미지와 동영상을 포함한 슬라이드 제작 발표, 결과물의 온라인 공유, 디지털 도구 활용 등을 셰익스피어 강의에 적극 도입하여 디지털 영미문학 교육의 원형적 실천을 보여 줬다. 워드, 파워포인트, 동영상 제작 등 디지털 문해력 교육의 내용이 지금의 기준으로 보면 다소 소박할지 몰라도 시간적 차이를 고려하면 그 가치가 결코 작다 할 수 없고, 특히 "참여, 공유, 개방"[19] 정신을 구현하려 노력함으로써 디지털 인문학의 핵심 정신을 실천했다는 점에서 모범적이다. 안종훈이 작품 해석에 관심을 기울였다면, 서경숙은 주로 디지털 문학예술 창작에 초점을 맞춘 영미문학 교육 사례를 보여 준다. 서경숙은 해외 디지털 인문학 관련 학부 수업 프로젝트 사례들을 검토하며 디지털 문학 창작 활동을 한국의 영미문학 교육 현장에 접목할 수 있는 기회를 다양하게 모색하고,[20] 이를 실제 영미시詩 교육에 직접 활용한 사례를 「웹 2.0 시대, 디지털 DIY 제작을 통한 영미시 교수법 연구」에서 공유한다. 그는 영상시, 디지털시, 하이퍼텍스트시, 스토리보드 등의 창작을 통해 학생들의

　　　　　랙, 한림대 디지털인문예술 융합전공 등이 있다.

18　　　안종훈, 「디지털인문학과 셰익스피어 읽기」, 315쪽.

19　　　안종훈, 「디지털인문학과 셰익스피어 읽기」, 326쪽.

20　　　서경숙, 「디지털 인문학 교수법의 이론 및 실제: 영미문학을 중심으로」.

"디지털 기술에 대한 문해 능력"을 제고하고 나아가서 그들을 "지식과 예술의 창작자로 전환"시킬 수 있음을 역설한다.[21] 서경숙의 사례는 디지털 영미문학 교육을 작품 해석에서 문학예술 창작으로 확장했다는 데 의미와 가치가 있다.

21   서경숙, 「웹 2.0 시대, 디지털 DIY 제작을 통한 영미시 교수법 연구」, 147쪽.

2. 4학기 동안의 디지털 영미문학 교육 실험

위에서 살핀 국내외의 여러 사례는 대학의 영미문학 교육 현장에 생산적인 자극과 영감을 주기에 충분하다. 물론 강의의 목적과 내용, 학생의 관심과 수준, 교수의 필요와 역량에 따라 유연하게 프로젝트 형식의 선택, 변형, 결합이 이루어져야 할 것이다. 여기서 교수의 개방적 태도와 창의적 발상이 긴요한 것은 말할 나위 없다. 필자는 개방, 공유, 협업과 같은 디지털 인문학의 기본 정신에 충실하려고 노력하면서 문학작품 해석부터 예술 창작, 나아가서 아카이브, 텍스트분석, 지리 정보, 데이터 시각화, 코딩에 이르는 다양한 방식을 영미문학 교육에 시도해 보았다. 비수도권 사립대학교 영어영문학과에서 2015년 2학기부터 2017년 1학기까지 4학기 동안 행해진 이 실험은 2, 3, 4학년 대상 전공과목인 미국문학입문, 영미문학과 영상, 영미대중소설, 아동영문학과 디지털매체, 세계영화와 예술 등의 수업에서 이루어졌다.

1) 프로젝트 중심 수업의 몇 가지 원칙들

학생들의 프로젝트 성과물을 구체적으로 소개하기 전에 먼저 수업을 진행하면서 필자가 세운 몇 가지 원칙을 제시하고자 한다.

① 교수의 권위를 내려놓는다

지금까지 교수의 권위는 기본적으로 지식의 소유에 기초했다. 지식은 지혜와 통찰의 원천이었고, 이의 성공적인 전수가 교육의 목적이었다. 권위를 내려놓는다는 것은 지식의 독점적 소유에 대한 사회적 인정을 포기하는 일이기에 교수의 입장에서는 상당한 용기를 필요로 하는 일이지만 동시에 지식의 보존과 유통 방식의 획기적인 변화에 따라 불가피한 일이기도 하다. 디지털 기술을 영미문학 교육에 접목할 때 이런 상황은 더욱 두드러진다. 교수가 빠르게 변화하는, 수많은 소프트웨어와 플랫폼을 모두 거의 완벽하게 익히고 가르치는 것은 불가능할 뿐만 아니라 바람직하지도 않다. 교수는 학생과 협업하며 도와주는 조력자 역할을 해야 한다. 프로젝트의 초기 단계에서는 학생의 구상을 존중하면서 프로젝트의 방향과 가능성을 제시하고, 프로젝트 수행에 필요한 디지털 도구를 소개할 수 있지만 프로젝트가 어느 정도 진행되면 도구에 대한 이해와 활용 능력은 학생이 더 뛰어난 경우가 허다하다. 종종 학생에게서 소프트웨어 사용법을 배우거나 새로운 도구를 소개받는 즐거운 일이 발생한다. 학생들은 또한 전혀 예상하지 못한 종류의 프로젝트로 뜻밖의 성취를 보여 주기도 한다. 교수와 학생이 동등하게 역동적으로 상호작용하는 탈권위적 교육이 이루어지는 것이다.

② 시험 대신 디지털 프로젝트를 시행한다

한 학기에 한두 차례 짧은 시간 동안 이루어지는 시험은 학생의 지식 습득과 기억 정도를 측정하는 암기력 평가로 귀결되기 십상이다. 설사 지식 습득과 활용 능력, 창의력을 종합적으로 평가할 수 있는 시험 방식을 고안한다 하더라도 한두 시간 동안 이루어지는 평가에서 한 학생이 충분한 능력을 발휘하는 데는 한계가 있을 수밖에 없다. 시험은 기본적으로 성취도를 평가하는 수단이지 그것을 통해 새로운 것을 배우는 것은 아니다. 반면 프로젝트는 그것을 수행하는 과정에서 새로운 지식을 습득, 활용하고 디지털 문해력을 기르며 매 단계마다 창의적으로 문제를 해결할 수 있는 능력을 요구한다. 만지고 만들고 시행착오를 겪으면서 학생은 교수가 가르쳐 주는 범위 바깥으로까지 나아가 스스로 학습하고 새롭게 지식을 조직하며 디지털 기술 활용 능력을 키우게 된다. 프로젝트는 암기가 아닌 활동을 통한 자기주도 학습을 가능하게 한다.

③ 프로젝트와 발표에 대한 평가는 학생에게 맡긴다

학생 스스로 다른 학생의 프로젝트와 발표를 평가한다. 교수는 평가 결과를 모아 합산하는 역할만 맡는다. 이는 교수의 학생 평가권을 일정 정도 포기하는 것으로, 권위 내려놓기의 일환이기도 하다. 평가의 객관성에 의문을 품을 수도 있지만 필자의 경험에 따르면 오히려 개별 학생의 평가를 합산한 결과는 상당히 정확하며 교수 개인의 판단보다 더 객관적인 경우가 많다. 이는 또한 여러 부수적인 교육적 효과를 낳는다. 우선 학생이 평가의 수동적인 객체에서 능동적인 주체로 변화하고, 이 과정에서 비판적 사고력과 객관적 판단력을 기를 수 있다. 무엇보다 학생들이 다른 학생의 프로젝트 발표에 관심을 기울이고 집중하게 되어 수업 분위기가 달라지는 것을 확연히 느낄 수 있다. 발표 학생도 교수 한 사람보다는 학생 전체를 청중으로 우선 고려하게 되어 청중과의 교감과 상호작용이 활발해진다.

④ 수업 시간에 스마트폰을 금지하지 않고 적극 활용한다

전통적인 강의식 수업에서 스마트폰은 방해요소로 인식되었다. 수업 중 학생이 스마트폰을 만지작거리고 있으면 그것은 강의에 집중하지 않는다는 증거로 여겨진다. 교수의 지적 권위에 의존한 일방향 수업에서 이는 불가피한 일이기도 하다. 하지만 프로젝트와 활동 중심의 협업적 수업에서 스마트폰은 학습에 긴요한 도구가 될 수 있다. 학생 개개인의 손에 네트워크로 연결된 최고 수준의 컴퓨터가 있는데도 오히려 이를 활용하지 않는 것은 어리석은 일이다. 스마트폰은 컴퓨터실이 없어도 다양한 디지털 도구의 활용을 가능하게 해 준다. 전자책, 인터넷, 클라우드 기반 협업, 소셜미디어 등을 손쉽게 이용할 수 있다.

2) 디지털 프로젝트의 특징 및 장점

디지털 프로젝트가 대단히 새로워 보이긴 하지만 전통적인 문학 수업에서 강조되던 연구 소논문research paper은 사실 그 자체로 훌륭한 프로젝트임을 잊지 말아야 한다. 연구 주제를 정하고 새로운 질문을 제기한 뒤 이에 대한 답을 찾기 위해 기존 논문들을 조사, 정리하고 이를 비판적으로 검토하며 그 결과를 체계적으로 구성하여 논문을 도출해 내는 과정에서 학생은 비판적 사고와 함께 문제 해결 능력, 문해력을 키우며 발견적 자기주도 학습을 하게 된다. 어떤 면에서는 이것이야말로 정확하게 디지털 프로젝트가 지향하는 바이기도 하다. 단지 문해력 개념을 확장하여 매체를 텍스트에

한정하지 않고 디지털 다매체로 확대한 것에 차이가 있을 뿐이다. 디지털 프로젝트는 여기에 더해 기존의 영미문학 수업에서 상대적으로 경시되던 서지 연구나 문학 창작 분야를 연구 범위에 포함하는 부수적인 효과도 지닌다. 즉 작품 해석과 비판에만 머물지 않고 원, 파생 자료 수집에서부터 디지털 창작까지 아우를 수 있는 것이다.

디지털 프로젝트는 다음과 같은 특징 및 장점을 지닌다. 우선 디지털 도구를 활용함으로써 연구 주제에 관한 새로운 접근 방법이 가능하고, 새로운 종류의 질문을 제기한 뒤 해법을 모색할 수 있다. 또한 프로젝트를 수행하는 과정에서 영미문학 자료에 대한 이해의 심화와 함께 문제 해결 능력을 함양할 수 있다. 프로젝트의 내용과 형식은 교수가 정해 주는 것이 아니라 학생들이 스스로 결정하고 자유롭게 변형·발전시키는 것이기에 자연스럽게 자기주도적이며 발견적인 학습도 가능해진다. 디지털 도구를 활용하며 작업하는 과정에서 디지털 문해력이 함양되는 것은 더 말할 나위 없다. 프로젝트는 거의 언제나 매 단계마다 크고 작은 기술적 문제들에 봉착하기 마련이다. 이것들을 하나하나 극복해 나가면서 학생들은 유무형의 전문성을 키워 나가게 된다.

디지털 프로젝트의 두드러진 특징은 무엇보다 학생과 학생, 그리고 학생과 교수 사이의 협업을 활성화한다는 점이다. 앞서 지적했듯이 프로젝트를 학생 혼자 진행하는 것은, 불가능하지는 않지만 너무 어렵고 바람직하지도 않다. 학생끼리 공동 작업을 하는 과정에서 각자의 흥미와 재능이 발현될 뿐만 아니라 잘 되는 경우 시너지 효과가 일어나 학생 개개인이 이룰 수 없는 성취를 이루어 낼 수 있다. 교수와 학생 사이에서도 또 다른 차원의 대등한 협업이 일어난다. 교수는 학생들의 아이디어에 기초해 프로젝트의 방향에 대해 조언하고 수행에 필요한 디지털 도구와 방법을 안내해 준다. 프로젝트가 어느 정도 진행되면 학생들은 교수보다 더 뛰어난 디지털 도구 활용 능력을 보여 주는 경우가 허다하고 아예 교수도 모르는 새로운 디지털 도구를 찾아서 제시하기도 한다. 학생은 교수로부터도 배우지만 스스로 학습하고, 교수는 방향 제시와 함께 영미문학 관련 전문 정보를 제공하지만 동시에 학생에게서 새로운 것을 배울 수 있다.

디지털 프로젝트가 지닌 또 하나의 독특한 장점은 학생들의 프로젝트 성과물이 온라인상에 게시되어 공적으로 공개될 수 있다는 점이다. 웹사이트는 말할 나위 없고 이미지, 동영상, 전자책, 슬라이드 심지어 스마트폰 애플리케이션이나 게임 디자인 등 무엇이든 웹에 올릴 수 있다. 일단 웹에 게시되면 프로젝트는 현재와 미래의 전 세계 잠재적 독자들이 접근할 수 있는 공적인 성격을 띠게 된다. 따라서 학생들은 공적인 책임과 효과를 의식하며 프로젝트를 진행하고, 그것이 지닌 의미와 가치도 훨씬 커지게 된다. 학생 활동이 일회성으로 사라지지 않고 거의 영구적으로 보존된다는 점도 의미 있는 일이다. 프로젝트 온라인 공개의 가치는 여기서 멈추지 않는다. 학생 프로젝트는 사례로 남아 다른 학생들이 새로운 프로젝트를 시작할 때 아이디어와 도구 활용의 원천이 된다. 매 학기 새로운 출발이 아니라 기존의 성과 위에서 더 나은 성취가 가능해지는 것이다. 심지어 기존 프로젝트를 이어받아 그것을 업데이트하는 것도 가능하다.

3) 프로젝트 사례들

① 웹사이트 만들기

웹사이트는 가장 만들기 쉬우면서도 모든 프로젝트의 기본적인 공간이 되고 그 자체로도 훌륭한 프로젝트가 될 수 있다. 요즘에는 굳이 HTML 언어를 직접 사용하지 않더라도 다양한 템플릿과 서버 공간을 무료로 제공하는 플랫폼이 여럿 있어서 이를 잘만 활용하면 누구나 편리하게 멋진 웹사이트를 제작할 수 있다.[22] 웹사이트는 학생이 어떤 종류의 프로젝트를 진행하던 그것의 배경지식과 관련 정보를 제공하고, 프로젝트 결과물을 공개적으로 전시하는 공간으로 사용된다. 그러나 웹사이트는 그 자체로 대단히 의미 있는 프로젝트가 될 수 있다. 가령 특정 연구 주제 관련 다양한 정보와 자료를 수집, 정리하고 이를 일정한 논리 속에서 체계적으로 전시하는 공간, 즉 디지털 아카이브로 활용될 수 있는 것이다. 영미문학 관련 전문 아카이브로는 로제티Dante Gabriel Rossetti 아카이브[23]와 블레이크William Blake 아카이브[24]를 예로 들 수 있다. 두 아카이브 모두 작가의 전 저작과 그림, 그 밖의 관련 자료를 상세한 설명과 함께 체계적으로 모아 놓고 있다.

학부 학생이 이와 같은 전문적인 수준의 아카이브를 구축하는 것은 매우 어려운 일이겠지만 이보다 훨씬 작은 규모로 영미문학 관련 아카이브를 만들어 보는 것은 여러모로 의미 있는 일이다. 특정 작가나 주제에 관하여 다

---

[22] 웹사이트 제작 플랫폼으로는 윅스(https://www.wix.com), 스트라이킹리(https://www.strikingly.com), 심블라(https://www.simbla.com), 구글 사이트(https://sites.google.com/new) 등이 있다.

[23] Rossetti Archive. http://www.rossettiarchive.org (2021.07.08. 확인)

[24] The William Blake Archive. http://www.blakearchive.org (2021.07.08. 확인)

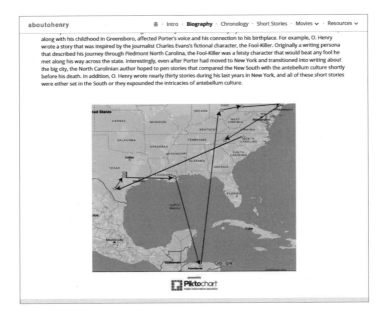

aboutohenry   홈 · Intro · **Biography** · Chronology · Short Stories · Movies ∨ · Resources ∨

along with his childhood in Greensboro, affected Porter's voice and his connection to his birthplace. For example, O. Henry wrote a story that was inspired by the journalist Charles Evans's fictional character, the Fool-Killer. Originally a writing persona that described his journey through Piedmont North Carolina, the Fool-Killer was a feisty character that would beat any fool he met along his way across the state. Interestingly, even after Porter had moved to New York and transitioned into writing about the big city, the North Carolinian author hoped to pen stories that compared the New South with the antebellum culture shortly before his death. In addition, O. Henry wrote nearly thirty stories during his last years in New York, and all of these short stories were either set in the South or they expounded the intricacies of antebellum culture.

그림 1 | 오 헨리 웹사이트

양한 자료와 정보를 비판적으로 선별하고 정리하면서 주제에 대한 이해를 심화시키고 나아가서 지식을 배치, 조직, 전달하는 큐레이션 능력을 키울 수 있다. 학생이 진행한 이런 종류의 프로젝트로 오 헨리O. Henry 웹사이트가 있다.[25] 이것은 오 헨리만을 주제로 만들어진 거의 유일한 웹사이트로, 다양한 곳에서 수집한 정보와 자료들을 나름대로 잘 정리해 놓고 있다. 작가에 대한 간단한 소개와 함께 전기, 연표, 저작, 영화, 그 밖의 자료들을 모아

---

25   O. Henry Archive. https://sites.google.com/glab.hallym.ac.kr/aboutohenry(현재는 사이트가 사라진 상태다); 비슷한 예로는 해리 포터 웹사이트(https://juju9508.wixsite.com/small-brands-ko-1), 팀 버튼 웹사이트(https://site-863834-4709-3418.mystrikingly.com)를 들 수 있다.

놓았다. 특히 각 항목마다 출처를 밝힘으로써 정보의 정확성과 엄밀성을 더했다. 작가의 인생을 소개할 때는 거주 장소의 변화를 구글 지도 위에 간단히 시각화해서 오 헨리가 지나온 삶의 궤적을 직관적으로 이해할 수 있게 했다. 무엇보다 255편에 달하는 오 헨리의 단편 전체에 대한 각각의 링크를 제공해서 개별 작품을 웹상에서 읽을 수 있게 한 것은 높이 평가할 만하다. 그밖에도 오 헨리 박물관, 사진, 구글 지도, 페이스북 페이지, 관련 행사, 신문 기사도 보여 주고 있다. 앞으로 꾸준한 업데이트를 통해 더 많은 자료를 제공할 수 있다는 점도 이 프로젝트의 장점이다.

② 전자책 만들기

디지털북, 이북이라고도 불리는 전자책은 종이책과 달리 컴퓨터 파일 형태로 제작되어 스마트폰, 태블릿 PC, 노트북, 데스크톱 컴퓨터 등의 다양한 장치를 통해 언제 어디서나 간편하게 읽을 수 있어 이에 대한 관심이 점증하고 있다. 텍스트와 이미지에 더해 소리, 동영상, 그리고 독자와 상호작용하는 반응형 도표 등을 넣을 수 있고, 인터넷에 접속하면 책 안에서 검색과 링크 연결이 가능한 장점을 지닌다. 학생들은 이 프로젝트를 통해 자료 조사, 글쓰기와 함께 텍스트를 포함한 멀티미디어 디자인 능력을 함양할 수 있다. 전자책 역시 웹사이트와 마찬가지로 어렵지 않게 제작할 수 있는 저작 도구나 플랫폼이 여럿 존재한다. 교환학생으로 수업에 참여한 외국인 학생은 "Drug Usage as an Alternative Creative Tool in American Literature「미국문학에 나타난 대안적 창조 도구로서의 마약 사용」"이라는 주제로 연구논문을 작성하고 이를 전자책으로 만든 뒤 PDF 파일로 변환하여 프로젝트 웹사이트에 공개했다.[26] 한 편의 연구보고서로도 훌륭하지만 역사적 자료와 함께 다양한 이미

그림 2 ┃ 연구논문 전자책(왼쪽), 잡지 디자인(오른쪽)

지들을 효과적으로 사용한 것이 돋보이는 프로젝트다. 셰익스피어를 주제로 만든 잡지 디자인도 전자책 제작의 좋은 사례 중 하나다.[27] 학생들은 잡지 제목을 『이터널Eternal』로 정하고 '이 달의 작가'로 셰익스피어를 집중 조명하는 방식을 택했다. 이들은 스룩srook[28]이라는 전자책 제작 플랫폼을 이용하여 표지를 디자인하고 셰익스피어에 관한 핵심 정보를 기사 형식으로 배치했다. 뒷부분에는 르네상스 시대 화장법과 의상에 관한 기사도 추가하여 자신들의 흥미도 반영했다. 온라인 잡지답게 종이를 넘기는 듯한 효과를 주면서도 다양한 이미지와 동영상 자료를 잡지 안에 포함했다. 12월의 느낌을 살리기 위해 주로 빨강과 하양을 기본 색조로 사용하여 디자인의

---

26   https://media.wix.com/ugd/a130f5_0ccd155d6b9941e2818af25af9886d8a.pdf (2021.07.08. 확인)

27   https://www.srook.net/yojo/635846134547078046. 현재는 사이트가 사라진 상태다.

28   https://www.srook.net. 현재는 사이트가 사라진 상태다.

통일성을 기했다.

③ 영미문학 스토리텔링

영미문학 작품에 대한 이해를 바탕으로 새로운 이야기를 만들어 내는 일종의 문예창작 프로젝트다. 한 예로 〈The Picture of Daeva Gray데이바 그레이의 초상〉 프로젝트는 오스카 와일드의 소설 *The Picture of Dorian Gray*『도리언 그레이의 초상』(1891)를 관점을 바꿔 다시 쓰기를 시도하였다. 학생들은 19세기 영국의 시대 상황과 당시 여성의 삶에 대해 조사한 뒤 데이바 그레이라는 여성 인물을 창조하여 대안적 소설을 창작했고, 이를 PDF 파일로 제작하여 소설 관련 자료와 함께 웹사이트에 올려놓았다.[29] 참신한 발상과 높은 완성도가 돋보이는 매력적인 프로젝트다. 그러나 이 작업의 진정한 독창성은 네트워크를 활용한 소설 창작 방식에 있다. 학생들은 인스타그램이나 페이스북 같은 소셜미디어의 해시태그hashtag 기능을 적극 활용하여 자신들이 진행하는 프로젝트 작업을 전 세계의 네티즌에게 알리고 관심 있는 사람들이 이야기를 만드는 과정에 참여하도록 이끌었다. 일종의 대중 참여형crowd-sourced 소설 창작을 시도한 것이다. 네티즌들은 관련 자료와 아이디어, 인물의 성격과 외모, 나아가서 이야기의 얼개, 심지어 구체적인 문장까지 제공하였다. 물론 최종적인 소설 창작은 학생들의 몫이다. 이 프로젝트는 전 세계 독자와의 지속적인 상호작용을 유지한다면 소설을 끊임없이 업데이트하고 여러 버전의 이야기를 만드는 것도 가능한 열린 소설 창작의 플랫폼

---

[29]   https://viktoriyazdanovich.wixsite.com/daevagray (2021.07.08. 확인). 이 프로젝트는 벨라루스에서 온 교환학생들의 작품이다.

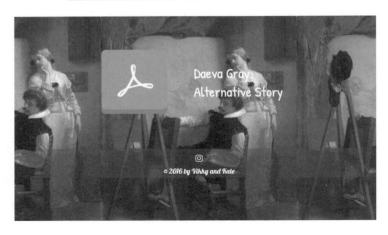

그림 3 | 「데이바 그레이의 초상」

으로까지 발전할 수 있는 잠재력을 지니고 있다. 네트워크로 연결된 소셜 미디어 환경을 슬기롭게 활용한 창의적인 프로젝트라 할 만하다.

④ 텍스트분석

텍스트분석은 영미문학 텍스트에 대한 통계적 분석을 통해 의미 있는 결과를 도출해 내는 방법이다. 상대적으로 오랜 전통을 지닌 디지털 인문학의 핵심 분야이기도 하다. 아주 초보적인 분석부터 고도로 복잡한 분석에 이르기까지 다양한 수준의 연구가 가능하고 그에 따라 수많은 분석 도구가 존재한다. 학생들은 그중에서도 가장 기초적인 수준의 분석 방식인 '워드클라우드'를 이용해 텍스트분석의 일단을 경험했다. 워드클라우드는 주어진 텍스트에서 단어들의 등장 횟수를 계산하고 그 빈도에 따라 텍스트를 구름 모양으로 시각화해 주는 응용 프로그램이다. 이 중 워들Wordle은 사용하기 쉬우면서도 기본적인 분석을 가능하게 해 주는 단어 빈도 시각화 도구이다. 학생들은 워들을 이용하여 코난 도일의 *The Adventures of Sherlock Holmes*『셜록 홈즈의 모험』(1892)에 실린 단편, "A Scandal in Bohemia「보헤미아 스캔들」"을 분석했다. 그중 한 학생은 하나부터 시작해 그 수를 하나씩 늘려가면서 30개까지 각각의 워드클라우드를 생성하는 실험을 진행했다. 나아가서 단편에 등장하는 모든 단어(2,088개)와 빈도수 목록을 만들고 여기서 관사, 전치사, 접속사 등의 기능적 단어들을 제거한 뒤에 상위 30개 단어의 통계를 보여 주었다. 이 작업을 통해 학생은 상위 빈도 단어가 하나씩 추가됨에 따라 주인공, 성차, 주요 단서, 행위 등 이야기의 핵심 정보가 서서히 드러남을 시각적으로 확인했다. 또한 상위 단어 20-30개만으로도 기본적인 이야기의 재구성이 가능하다는 사실을 알게 되었다.

그림 4 | 「보헤미아 스캔들」의 워들 분석

⑤ 타임라인과 지도

타임라인timeline과 지도 만들기는 영미문학과 관련된 다양한 정보를 시공간적으로 시각화하여 재현하는 작업이다. 가령 작가의 인생이나 작품 내용의 시간적 변화를 단순한 연표가 아니라 텍스트, 이미지, 동영상, 소리, 지도, 링크 등의 정보를 풍부하게 담으면서 독자와 상호작용하는 동적인 타임라인으로 제작할 수 있다. 또한 작가나 작품의 공간적 배경과 지리적 위치 정보를 역시 다양한 매체와 함께 지도 위에 표현할 수 있다. 나아가서 이 둘을 결합하면 보다 종합적이고 역동적인 시공간 정보의 시각화도 가능하다. 타임라인의 예로 노예무역의 시작부터 미국 노예해방에 이르는 노예제의 역사를 10개의 컷으로 요약한 작업이 있다.[30] 학생들은 타임라인 제이에스Timeline JS[31]라는 도구를 이용하여 이미지와 텍스트로 이루어진 일종의 슬라이드를 연표 위에 배치하고 이를 마우스 클릭으로 한 컷씩 움직이며 볼 수 있도록 했다. 미국문학에서 중요한 노예제의 역사적 변천을 시간의 흐름에 따라 순차적으로 파악할 수 있도록 제시한 것이다. 이 학생들은 또한 프레더릭 더글러스Frederick Douglass의 노예제 탈출 경로를 구글 지도 위에 표시하는 프로젝트도 진행했다.[32] 이들은 더글러스의 "My Escape from Slavery「노예제로부터의 탈출」"(1881)에 기초하여 볼티모어에서 뉴욕에 이르는 경로를 따라 주요 지점마다 구글 지도 위에 핀을 꼽고 이를 굵은 선으로 연결하여 이동 동선을 시각화했다. 각각의 핀에는 그 지점에서 발생한 사건 묘사

---

30 https://j0y1020.wixsite.com/juniorsofvadoro/partial-history-of-slavery. 현재는 자료 확인이 불가능한 상태다.

31 Timeline JS - Knight Lab. https://timeline.knightlab.com (2021.07.08. 확인)

32 https://goo.gl/asZ4BT (2021.07.08. 확인)

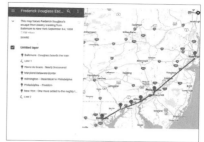

그림 5 | 노예제의 역사 타임라인(왼쪽), 더글러스의 노예제 탈출 경로(오른쪽)

와 원문 인용 구절을 카드로 만들어 핀을 클릭하면 읽을 수 있도록 했다. 이
를 통해 텍스트로 이루어진 더글러스의 이야기는 2차원 지도 위에 지리 공
간적으로 시각화된다. 그 결과는 볼티모어에서 뉴욕까지 45도 정도 기울어
진 사선에 불과해 보이지만, 메이슨-딕슨 라인Mason–Dixon line을 지나 남부의
노예주에서 북부의 자유주에 도달하는 역사적 의미가 응축된 선이 아닐 수
없다.[33]

⑥ 영상 에세이

영상 에세이는 전통적인 연구 소논문 형태의 글쓰기를 다매체를 활용
한 영상 제작으로 바꿔 놓은 것이다. 영상은 음악처럼 시간성을 띠고 있어
서 글쓰기와 비슷한 측면이 있다. 특정 연구 주제와 관련하여 다양한 형식

---

[33]　지도 프로젝트 중에는 미국 각 주별 대표 소설을 이미지, 동영상과 함께 지도 위에 표시한 예도
　　　있다. https://goo.gl/BtHJjw (2021.07.08. 확인)

그림 6 | 아프리카 영화에 관한 영상 에세이

의 자료를 탐구·조사하고 이를 일정한 논리 속에서 일관된 이야기로 재구
성하는 작업이다. 텍스트뿐만 아니라 음성, 사진, 동영상, 각종 자료 이미지
등을 하나의 영상으로 편집하고 여기에 내레이션과 자막을 넣으면 일종의
영상 논문이 만들어진다. 비록 영미문학에 관한 것은 아니지만 아프리카
영화의 역사와 스타일을 영상 에세이 형식으로 제작한 학생 프로젝트 사례
가 있다.[34] 학생들은 우리에게 잘 알려지지 않은 아프리카 영화에 대해 조
사하고 그 이해를 바탕으로 동영상, 이미지, 지도 등의 관련 자료를 광범위
하게 수집한 뒤에 이를 체계적으로 편집했다. 여기에 영어 내레이션을 입

---

[34]   https://bjorn472.wixsite.com/afreecan/videos (2021.07.08. 확인)

히고 이를 한글 자막으로 처리하여 영상 에세이를 완성했다. 최종 영상은 유튜브에 올리고 관련 정보와 함께 동영상을 바로 볼 수 있는 웹사이트도 제작했다. 미지의 제3세계 영화를 연구 주제로 택한 점도 특이하지만 구하기 힘든 다양한 자료들을 수집하고 이를 자연스럽게 편집했다는 점에서 상당한 완성도를 보여 주는 프로젝트다. 영미문학과 관련해서도 이런 방식의 프로젝트 수행은 얼마든지 가능하다.

⑦ 스마트폰 애플리케이션

스마트폰 애플리케이션(앱) 제작은 어느 정도의 기술적 난이도를 지닌 작업이긴 하지만 스마트폰 앱의 수동적인 소비자로만 머물던 학생들이 능동적인 개발자로 전환될 수 있는 프로젝트다. 이것을 영미문학과 결합하면 창의적인 프로젝트 수행이 가능하다. 앱을 제작하는 데 코딩 능력이 반드시 요구되는 것은 아니다. MIT 앱인벤터App Inventor[35] 같은 플랫폼을 활용하면 마치 레고 블록을 조립하듯이 필요한 코드 블록들을 연결하여 스마트폰 앱을 디자인하고 제작할 수 있다. 심지어 코딩 없이도 손쉬운 제작을 가능하게 해 주는 플랫폼도 여럿 존재한다.[36] 그리고 앱 기획과 디자인만으로도 훌륭한 프로젝트가 될 수 있음을 잊지 말아야 한다. 물론 코딩 능력을 갖춘다면 전문적인 앱 제작도 가능하다. 아동문학 수업을 들은 몇몇 학생은 *The Wizard of Oz*『오즈의 마법사』, *Snow White*『백설 공주』, *The Little Prince*『어린 왕자』 등의 작품을 소개하고 사용자가 직접 새로운 동화와 그림을 만들 수 있도록

---

[35]   https://appinventor.mit.edu (2021.07.08. 확인)

[36]   대표적으로 스윙(http://www.swing2app.co.kr), 모빈큐브(https://www.mobincube.com), 스마트메이커 (https://www.smartmaker.com) 등이 있다.

그림 7 │ 아동문학 스마트폰 애플리케이션(왼쪽), 코딩 화면(오른쪽)

도와주는 앱을 앱인벤터로 제작했다. 화면에서 특정 인물 이미지를 선택하면 해당 작품에 대한 정보를 담은 화면으로 이동하고, 여기에는 작품을 소개하는 유튜브 동영상, 작품의 영어 텍스트를 담은 PDF 파일 링크가 있을 뿐만 아니라 앱 이용자가 직접 이야기를 만들고 그림도 그릴 수 있게 했다. 코딩에 대한 지식이 있는 어떤 학생은 안드로이드 스튜디오Android Studio[37]라는 전문적인 앱 개발 플랫폼을 이용하여 영문학사에서 중요한 영시 몇 편을 고른 뒤 원문 텍스트, 한국어 번역 텍스트, 시 해설, 영어 낭송 오디오 등의 기능을 지닌 앱을 제작했다. 영어 단어나 표현의 입력만으로 다양한 온라인 영어사전들을 한 곳에서 검색할 수 있는 앱을 개발하여 구글 앱 장터 Google Play Store에 정식으로 등록한 학생도 있다.

⑧ 디지털 예술

디지털 예술 프로젝트는 시, 음악, 미술과 같은 전통적인 예술 창작에 디

---

[37]　　https://developer.android.com/sdk/index.html (2021.07.08. 확인)

그림 8 | 디지털 시(왼쪽), 음악 작곡(오른쪽)

지털 매체를 결합한 작업이다. 실례로는 파이썬python이라는 컴퓨터 언어를 이용하여 일종의 디지털 영시를 창작한 학생 프로젝트가 있다.[38] 디지털 세계가 0과 1의 두 숫자로 이루어져 있는 점에 착안하여 "0 is before 1"이라는 제목으로 '없음'과 '있음'에 관한 추상적 관념을 컴퓨터 화면상에서 움직이는 언어로 표현하였다. 코드를 작동하면 "stoppppp!!!!!"이라는 표현이 일정하게 반복된 뒤에 일련의 다른 문장들이 같은 방식으로 등장한다. 약 5분 정도 지속되다 마무리되는 이 동적인 디지털 시는 창조의 원천이 '비어 있음'임을 표현한다. 코드는 단순하지만 컴퓨터 언어를 시 창작의 매체로 전환하고 여기에 추상적 관념을 담아냈다는 점에서 기발한 상상력과 창의력이 돋보이는 프로젝트다. 마크 트웨인의 소설 *Eve's Diary*『이브의 일기』(1906)에

---

[38]   https://www.facebook.com/CHAO1001/posts/1062588920482948. 현재는 사이트가 사라진 상태다.

영감을 받아 음악을 작곡한 학생도 있다.[39] 이 학생은 원작 초판에 실린 삽화를 모두 모아 일련의 그림으로 이루어진 동영상을 만들고 여기에 맞추어 큐베이스Cubase라는 전문적인 소프트웨어를 사용하여 음악을 작곡했다. 이야기의 전개에 따라 선율과 음색, 조성, 리듬 등을 변형하며 음악과 이야기가 유기적으로 연결되도록 하고 이를 자신이 만든 동영상의 배경음악으로 사용했다.

⑨ 영화 만들기

영화 만들기는 영미문학 작품에 바탕을 두되 자유롭게 이야기를 창작하여 영화 대본을 구성한 뒤 이를 실제 짧은 동영상으로 제작하는 작업이다. 기존 영상의 다양한 클립을 모아 재편집하는 방식과 직접 촬영하여 편집하는 방식, 그리고 양자를 적절하게 섞는 방식이 가능하다. 〈볼드모트 예고편Lord Voldemort Trailer〉 프로젝트는 롤링J. K. Rowling의 *Harry Potter*『해리 포터』 시리즈에 등장하는 악당인 볼드모트에 초점을 맞춰 이야기를 새로 구성하고 기존에 나와 있는 모든 『해리 포터』 관련 영상에서 필요한 클립들을 잘라내어 이야기에 맞게 편집했다.[40] 학생들은 이를 유튜브에 게시하고 볼드모트 이야기를 이미지와 동영상을 포함한 영어 전자책으로도 제작했다. 〈노스페라투 2016Nosferatu 2016〉 프로젝트는 스토커Bram Stoker의 *Dracula*『드라큘라』(1897)를 원작으로 한 독일 표현주의 영화 〈Nosferatu노스페라투〉(1922)의 혼성모방

---

39 https://drive.google.com/file/d/0B7dIXeOHo2UGU1Azc2U1VTlQdDQ/view?usp=sharing 작곡 과정을 보여주는 비디오는 다음 링크 참조. https://drive.google.com/file/d/0B7dIXeOHo2UGa19kRVB6RGNlcWs/view?usp=sharing (현재는 열람을 위해 엑세스 권한이 필요한 상태다.)

40 https://www.youtube.com/watch?v=r2xqXhvC27Y (2021.07.08. 확인)

그림 9 ┃ 볼드모트 예고편(왼쪽), 노스페라투 2016(오른쪽)

pastiche 영상이다.[41] 학생들이 직접 배우로 참여하면서 촬영하고 편집했다. 『드라큘라』의 내용을 '강남역 사건'이라는 한국적인 상황으로 변형하고, 영화 〈노스페라투〉가 지닌 흑백 무성영화의 특징과 표현주의 영화 스타일을 모방하여 독창적이고 수준 높은 단편영화를 만들었다.

⑩ 게임 만들기

게임 만들기는 게임 제작 소프트웨어를 활용하여 영미문학 관련 컴퓨터용 게임을 만드는 작업으로서 게임에 익숙한 학생들에게 흥미를 유발하고 게임 개발의 능동적 과정을 경험하게 할 수 있는 프로젝트다. 어떤 학생들은 *Adventures of Huckleberry Finn*『허클베리 핀의 모험』(1884)을 소재로 역할수행 게임role-playing game을 제작했다.[42] 게이머의 분신이기도 한 허클베리라는 인물이 게임의 공간에서 모험을 떠나고 그 여정에서 만난 다른 인물들이 던진

---

41   https://youtu.be/O5FJZorbTCQ (2021.07.08. 확인)

42   https://limheejae7.wixsite.com/huck-rpg (2021.07.08. 확인)

그림 10 | 『허클베리 핀의 모험』 역할수행 게임(왼쪽), 시각 소설 프로젝트(오른쪽)

문제를 맞히면 보상을 얻거나 다음 단계로 진입하는 게임이다. 학생들은 되도록이면 원작의 여정에 맞춰 배경을 디자인하려고 노력했고 질문은 미국문학과 작품에 관련된 내용으로 구성했다. 〈시각 소설^{visual novel}〉 프로젝트는 영어 소설 창작과 게임을 결합한 독창적인 작업이다.[43] 주어진 상황마다 선택지가 주어지고 그 선택에 따라 다른 이야기가 펼쳐지는 일종의 다중 서사 게임을 만들었다. 게이머가 잠에 빠지면 미국문학의 세계로 들어가고 그 안에서 만나는 인물들을 도와 현실로 돌아와야 하는 상황을 설정했다. 이야기 구성, 시각 디자인, 게임 개발, 소프트웨어 활용 등의 다양한 능력이 요구되는 프로젝트다.

⑪ 사회관계망 시각화

사회관계망 시각화는 소셜미디어나 조직의 행위자 간의 관계 구조를 분

---

[43]   https://sites.google.com/glab.hallym.ac.kr/visualnovel/home. 현재는 사이트가 사라진 상태다.

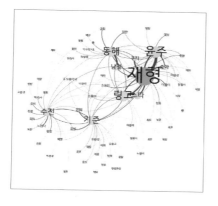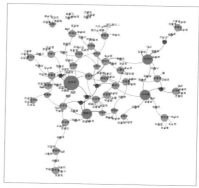

그림 11 ┃ 소설 『28』 인물 관계망(왼쪽), 2012-2016 한국영화 감독-배우 관계망(오른쪽)

석하고 해석하는 데 주로 이용되는 시각화 기법이다. 사회과학에서 많이
사용되는 이 기법은 최근 디지털 인문학에서도 적극적으로 활용되고 있고,
특히 문학 연구에서는 인물 간의 관계를 공간적으로 시각화하는 데 적용된
다. 영미문학 수업에서 이 기법을 프로젝트에 활용한 예는 아직 없다. 하지
만 이를 한국문학 작품 분석에 활용한 학생 프로젝트 사례가 있어 소개하
고자 한다. 한 학생은 정유정의 소설 『28』을 대상으로 작품에서 언급되는
인물들의 관계를 분석했다.[44] 학생은 소설을 꼼꼼히 읽으면서 인물이 언급
될 때마다 이름을 기록하여 데이터를 만들었고, 이를 게피Gephi[45]라는 사회
관계망 분석 및 시각화 소프트웨어를 이용하여 인물 관계망을 시각화했다.
2012년부터 2016년까지 연도별 흥행 순위 10대 한국영화를 대상으로 감독

---

44   https://goo.gl/PDXSQV (2021.07.08. 확인)

45   https://gephi.org (2021.07.08. 확인)

과 배우 사이의 관계망을 시각화한 시도도 있다. 이런 방식의 분석과 시각화는 분명 영미문학 작품이나 작가를 대상으로도 이루어질 수 있다. 시간적인 서사를 공간적인 관계망으로 시각화하여 작품이나 시대를 새로운 방식으로 이해할 수 있는 프로젝트다.

맺는말

4학기 동안 진행된 디지털 영미문학 교육 실험은 처음 시작할 때, 대개의 새로운 시도가 그렇듯이, 다소 무모하고 위험부담도 적지 않았지만 학생들의 적극적인 호응과 참여 속에 상당한 성과를 보여 주었다. 학생들은 디지털 프로젝트를 수행하면서 영미문학 연구 활동의 새로운 가능성을 경험했고, 영미문학에 대한 이해와 함께 디지털 문해력을 함양했으며, 무엇보다 문제를 해결하는 과정 속에서 성취의 희열을 맛보는 소중한 경험을 할 수 있었다. 교수로서 4학기 동안 놀라웠던 것은 매 학기 학생들이 성취하는 프로젝트의 수준이 눈에 띄게 향상된다는 점이었다. 학기마다 무에서 새로 출발하는 것이 아니라 이전 학기의 기존 성과를 참조하여 새로운 성취를 시도하고 프로젝트의 수준을 끌어올리기 때문일 터이다. 여기에는 수업용 웹사이트의 구축이 결정적이었다.[46] 학생 프로젝트 성과물의 링크들을 학기와 과목별로 모두 모아 놓아 프로젝트의 항구적인 온라인 전시 공간으로 기능할 뿐만 아니라 기존 사례들을 비판적으로 검토, 비교, 모방, 조합하여 새로운 프로젝트 아이디어를 도출할 수 있는 기회를 제공한 것이다. 또한

---

46   https://sites.google.com/site/vadoroclass (2021.07.08. 확인)

디지털 프로젝트에 필요한 각종 도구의 목록 및 링크들을 제공하여 다양한 무료 소프트웨어, 온라인 플랫폼, 분석 및 시각화 도구, 각종 디지털 도구 사용법, 그밖에 도움이 될 만한 자료 등에 학생들이 쉽게 한 자리에서 접근할 수 있도록 한 것이 도움이 되었다.

디지털 영미문학 교육 실험은 여기서 멈추지 않을 것이다. 보다 참신하고 보다 완성도 높은 프로젝트 성과가 이루어질 것이고, 수업 참여자 사이의 협업과 의사소통, 새로운 디지털 기술의 활용, 학생 성취도 평가, 다양한 수준에서의 네트워크를 활용한 교육의 연결 등에 있어서 혁신과 실험의 가능성은 더욱 풍부해질 것이다. 지난 4학기보다 앞으로가 더 기대되는 까닭이다. 물론 디지털 기술의 눈부심에 현혹되어 문학 교육의 본질을 간과해서는 안 될 것이다. 지금까지의 실험에는 한계도 없지 않았다. 대부분의 프로젝트들이 아직은 초보적인 수준에 머물러 있고, 학생들 사이의 협업이 긴밀히 이루어지지 않는 경우도 꽤 있으며, 개별 프로젝트 성과물의 완성도에 편차가 많은 점은 여전히 아쉬운 것이다. 앞으로 학생들의 디지털 문해력이 향상되고 협업과 시행착오의 경험이 쌓일수록 조금씩 개선될 테지만 교수의 적극적인 노력과 효과적인 교수법의 활용이 긴요하다는 것은 말할 나위 없다. 하지만 무엇보다 지난 4학기 동안의 실험에서 직면한 가장 큰 한계는 디지털 기술에 대한 교수의 무지이다. 학생들이 문제에 봉착할 때마다 적절한 기술적 해결책을 제시할 수 있었다면 학생들은 더 많이 학습하고 성취했을 것이다. 컴퓨터 기술에 문외한이나 다름없는 영문학 전공자에겐 쉬운 일이 결코 아니었다. 학생들이 성장하는 만큼 교수도 디지털 문해력을 함양하기 위해 부단히 노력해야 할 것이다. 어쩌면 이것이야말로 디지털 인문학 교육의 진정한 매력인지도 모른다. 학생이 교수를 자극하고 교수가 학생에게 영감을 주는, 그래서 협업으로 더 많은 것을 성취하는 교육이 비로소 이루어지기 때문이다.

참고자료

김도훈 외, 『디지털 시대의 인문학, 무엇을 할 것인가』, 서울: 사회평론, 2001.

김용수, 「한국의 디지털인문학: 위기, 희망, 현실」, 『비평과이론』 22-2, 2017.

서경숙, 「디지털 인문학 교수법의 이론 및 실제: 영미문학을 중심으로」, 『인문콘텐츠』 38, 2015.

_____, 「웹 2.0 시대, 디지털 DIY 제작을 통한 영미시 교수법 연구」, 『영어영문학연구』 42-2, 2016.

안종훈, 「디지털인문학과 셰익스피어 읽기」, 『셰익스피어 비평』 47-2, 2011.

Bjork, Olin. "Digital Humanities and the First-Year Writing Course." *Digital Humanities Pedagogy: Practices, Principles and Politics*, Ed. Brett D. Hirsch, Cambridge: Open Book Publishers, 2012.

Gold, Matthew K. "Looking for Whitman: A Multi-Campus Experiment in Digital Pedagogy." *Digital Humanities Pedagogy: Practices, Principles and Politics*, Ed. Brett D. Hirsch, Cambridge: Open Book Publishers, 2012.

_____, ed. *Debates in the Digital Humanities*, Minneapolis: University of Minnesota Press, 2012.

_____ & Lauren F. Klein, eds. *Debates in the Digital Humanities 2016*, Minneapolis: University of Minnesota Press, 2016.

_____ & Lauren F. Klein, eds. *Debates in the Digital Humanities 2019*, Minneapolis: University of Minnesota Press, 2019.

Hirsch, Brett D. "⟨/Parentheses⟩: Digital Humanities and the Place of Pedagogy." *Digital Humanities Pedagogy: Practices, Principles and Politics*, Ed. Brett D. Hirsch, Cambridge: Open Book Publishers, 2012.

_____, ed. *Digital Humanities Pedagogy: Practices, Principles and Politics*, Cambridge: Open Book Publishers, 2012.

Jockers, Matthew L. *Macroanalysis: Digital Methods and Literary History*, Urbana: University of Illinois Press, 2013.

Kirsch, Adam. "Technology Is Taking Over English Departments." *The New Republic*, 2 May, 2014.

Presner, Todd, Jeffrey Schnapp & Peter Lunenfeld. "The Digital Humanities Manifesto 2.0." *UCLA Mellon Seminar in Digital Humanities*, 29 May, 2009(https://humanitiesblast.com/manifesto/Manifesto_V2.pdf).

Swafford, Joanna. "Teaching Literature through Technology: Sherlock Holmes and Digital Humanities." *The Journal of Interactive Technology and Pedagogy*, 16 Jun, 2016.

Chapter 4.

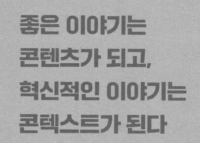

좋은 이야기는
콘텐츠가 되고,
혁신적인 이야기는
콘텍스트가 된다

_____

권보연
연세대학교 문과대학 겸임교수
은행권청년창업재단 대학협력 PM

1. 인문융합 수업을 위한 첫 번째 질문

〈인터랙티브 스토리텔링 디자인〉[1]은 2019년 2학기에 신설된, 연세대학교 문과대학 공통 전공 가운데 비교적 역사가 짧은 과목 중 하나이다. 그러나 〈인스디〉의 바탕이 되는 교육 철학, 운영 방법과 형식은 ICT(Information and Communications Technology) 업계에서 경력을 쌓아 온 필자의 경험과 2015년부터 이화여대, 동국대, 서울대에서 운영해 온 PJT(프로젝트) 수업의 시행착오를 토대로 개선된 전사가 있다.[2] 〈인스디〉 교과 설명에 앞서, 배경을 언급하는 것은 이 글을 통해 전통적 인문 교육의 틀에서 벗어나 현장 중심, 학습자 중심 교육을 향하고 있는 우리의 노력과 문제의식, 실천에 관해 소위 주류 대학 구성원과 다른 관점에서 경험한 자의 견해를 담을 것이기 때문이다. 융합 교육의 비전이, 대학이 보유한 여러 기존 전공을 섞는다는 뜻은 아닐 것이므로, 필자는 학교 너머의 세계와 학생 그리고 기업인을 PJT로 연

---

1 〈인터랙티브 스토리텔링 디자인〉은 이하 〈인스디〉로 줄여 쓴다.

2 필자는 이화여대 신산업융합대학에서 2015년 2학기부터 2017년 2학기까지, 6개 소속 전공 교과가 참여하는 기업 연계 PJT 교과 〈스타트업과 함께하는 프로젝트 수업: NEXT EDITION〉을 기획하고 운영하였다. 2018년 동국대학교 공과대학 공통 전공 〈D.CAMP와 함께하는 기업사회맞춤형 프로젝트〉 교과를 개설, 수업을 통해 9개 스타트업이 50명의 학습자와 PJT를 수행하는 기업 연계 교과를 개발, 운영하였다. 2019년부터는 서울대학교 의과대학에서 미래 선도 의료인 양성 혁신 교과 〈혁신, 나도 할 수 있다〉의 과정 개발과 운영에 참여하고 있다.

결하는 기반 구축이야말로 인문융합 교육의 현재와 미래를 함께 살피는 기초라고 믿는다.

〈인스디〉는 학습자가 참여 기업과 짝을 이루어 매 학기 다른 주제의 PJT를 수행하는 기업 연계형 인문융합 교과다. 본 수업은 '진짜 세상을 향한 혁신의 실행'을 교육 철학으로 삼아 학습 목표와 구체적 아웃풋을 구성한다. 기업 연계 PJT 학습은 산업 현장에서 활용 가능한 이론과 실무 역량을 동시에 기르는 교육과정을 요구하기에, 다양한 주제의 PJT를 지도하고 결과를 관리할 수 있는 전문 교수자 확보가 필수적이다. 이 유형의 수업에서 교수자는 학습자에게 강의를 통해 지식을 전달하는 사람에 머물러서는 안 될 것이다. 교수자는 여러 교육 주체와 더불어 새로운 주제와 기술이 융합된 교육을 총괄하고 자원과 위험을 관리해 그들의 관여와 몰입을 촉진하는 퍼실리테이터facilitator가 되어야 하며 기업과 학습자, 대학과 사회를 연결하는 PJT 디자이너로서 자신의 역할을 설정해야 한다.

내실 있는 융합 교과를 만들려면 교수자는 수업을 함께 할 외부 파트너 대상으로 먼저 PJT를 설계해 제안해야 한다. 개방과 협력은 대학에서 흔한 관용구로 소비되고 있지만, 막상 개별 교수자가 한 학기 이상 외부 파트너십을 유지하는 학부 사례를 찾기 어렵다. 학부 교육에서 대외 협력은 단편적인 경우가 많고, 전문가 네트워크 구축에 필요한 투자는 원활하지 않다. 대학 내부 상황을 보면 혁신 교육의 필요에 동의하는 교수는 많이 있어도 기업 연계 PJT 준비에 필요한 산업 및 교육 전문성을 갖추고 자원 관리가 가능한 내부 교수는 부족한 인력 가뭄이 목격된다. 또한 대학 교육에 봉사하려는 외부 전문가들이 역할을 맡더라도 학교에서 이 일의 가치와 기여가 충분히 인정되지 못하는 것도 현실이다. 기업과 산업 현장 연계 교육을 대

[표 1] 〈인터랙티브 스토리텔링 디자인〉 전후의 기업 연계형 PJT 수업 사례

학교	이화여대	동국대	서울의대	연세대
교과/ 프로그램명	Next Edition: Entrepreneurship + Education	D.CAMP와 함 께하는 Startup Externship	혁신, 나도 할 수 있다	인터랙티브 스토 리텔링 디자인
주요 교육 목표	▪ 스토리 디자인, 놀이 디자인, 상호작용 경험 디자인 이론에 근거하는 '인간 중심 혁신' 교육 ▪ 사회와 산업의 문제를 창의적 대안으로 해결하는 스타트업 연계 '리얼월드 기반 문제 해결'교육 ▪ 한계 요소를 조건화하는 모험 사고, 이질 집단 간 협업과 소통, 지속 가능한 가치 창출을 추구하는 전략화 역량 강화를 위한 '기업가 정신' 교육			
운영기간	2015년 2학기~ 2017년 2학기	2018년 2학기	2019년 2학기~ 2020년 2학기	2019년 2학기~ 2020년 여름 계절학기
교과 유형	전공선택 학과별 과목명 상이	공통 전공 기업사회맞춤형 프로젝트	본과 전공선택	공통 전공
학점	2	3	1	3
개설 단과대	신산업융합대학 6개 전공	공과대학	의과대학	문과대학
참여 기업	학기당 평균 5개 스타트업	과목당 10~16개 스타트업	과목당 5~9개 스타트업	과목당 6~7개 스타트업

하는 대학의 수동적이고 보수적인 태도는 외부 교수자들에 대한 열악한 처우와 미흡한 배려로 드러난다.

외부 교수자와 기업인이 대학 교육에 열정을 쏟기 어려운 구조와 문화적 한계는 악순환을 만든다. 알려진 비밀을 새삼 문제 삼는 것은 융합 교육의 가능성을 논하는 주제에 맞지 않아 보일 수 있다. 그러나 디지털 기술과 인문학의 만남을 통해 동시대인의 실제 삶을 혁신하는 실천적 융합 교육을 대학의 보편 시스템에 안착시키려면 불편한 현실을 먼저 직시해야 할 것이다. 지금은 무엇을 가르칠 것인가를 두고 다투기보다 누구와 함께 어떤 방법으로 배울 것인지가 중요한 때이다.

기업 연계를 통한 인문융합 교육은 국내 대학도 피할 수 없는 혁신의 지향점이 되었다. 교수 사회가 진정 변화를 원하는가를 되물을 필요 없이 사업과 사회 요구를 수용하는 현장성 높은 교과를 개발하라는 목소리가 높아지고 있다. 시대상을 반영한 대학의 변화는 통상 국가사업 수행 중 이루어지며, 유의미한 성과도 대부분 이 시기에 결실을 맺는다. 그러나 국가 지원이 중단되면 추진 동력은 급격히 상실되고, 혁신 모델은 정착되지 못한 채, 누구도 읽지 않는 보고서와 낡은 사업단 간판을 남기고 퇴장하는 일이 반복된다. 국민 세금으로 대학을 변화시킬 기회를 얻었을 때 자립과 내재화를 고려한 장기 전략이 수립되어야 하지만, 전공별 안분이나 인기 키워드를 추종하는 단편적 비용 집행에 그친 것은 아닌지 냉철한 성찰이 필요하다.

흥미로운 것은 대학 내부 시스템에 이식되지 못한 혁신 교육 경험과 역량이 기업 연계 수업을 운용할 수 있는 전문 인력의 이동에 따라 이산화되고 있다는 점이다. 예컨대, 겸초빙 교수나 연구원 지위로 기업 연계 교육 개발에 참여한 교수자의 축적된 노하우와 네트워크는 다른 대학이나 새로운 교육 수요가 있는 여러 도메인으로 흘러가고 있다. 그 여파로 인해 대학 외부에 현장 중심, 경험 중심 인문융합 교육이라는 신시장 형성의 징후가 나타난다. 탈대학을 선언한 대학 밖 세력은 기업과 시민, 직업인을 거점으로 삼아 점차 성장 속도를 높여 가고 있다. 기업 연계 인문융합 교육에 새로운 문화와 가치 창출 기회가 있다면, 자유로운 실험이 용이한 이들은 경계 없

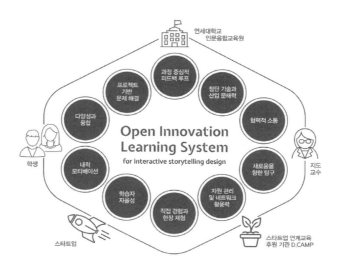

그림 1 | 연세대학교 〈인스디〉 개방 협력 학습 시스템

이 움직이며 대학이 도달하기 어려운 터전에 먼저 도착하는 혁신을 시도할 것이다. 팬데믹 상황은 대면 학습 중심으로 권위를 지켜 온 대학에 큰 타격을 가하였다. 대학 밖 교육자에게도 똑같이 어려운 환경이었지만, 그들에게는 이 혼란이 오랫동안 미루어 둔 문제를 해결할 매력적인 기회로 인식된 듯하다.

외부 교육자들은 온라인 전환을 메타버스나 디지털 협업 도구를 활용한 경험 혁신의 기회로 삼고 있다. 주제와 형식, 네트워크 다양화를 통해 고등교육과 평생교육 수요를 다원화하는 기반을 구축하고 사업화하려는 움직임은 대학 밖에서 더 뚜렷하다. 〈인스디〉는 대학 정규 수업이지만 초기 설계부터 대학, 교수자, 기업, 외부 후원 기관과 학습자를 동등한 학습 주체로 인식하였다. 우리는 서로 다른 강점과 역할을 통해 현장 중심 경험 교육의 목표를 달성하는 개방 협력 시스템을 구축하였다. 교수자 혼자 힘으로 현재 우리가 갖고 있지 않은 자원과 역량이 필요한 미래 교육을 만든다는 것은 불가능하다고 보았기 때문이다.

〈인스디〉도 2020년 실시간 원격 학습으로 전환하면서, 신설 당시 학습자와 기업 모두 수업의 가장 큰 경쟁력으로 꼽았던 현장 활동이 위축되는 위기를 맞았다. 그러나 탄탄한 협력 시스템의 도움으로 PJT 주제와 진행 방식을 온라인 최적 모델로 신속 전환했고, 다양한 디지털 도구를 활용하여 더 적극적인 참여와 소통 기반 학습을 정착하는 데 성공했다. 실시간 온라인으로 PJT 교과를 운영해 보니, 원격 수업을 대면 강의 대비 열위 조건으로 단정할 수 없다는 생각이 들었다. 실시간 온라인 수업은 전체 학습 주체에게 더 많은 준비를 요구하지만, 이 조건이 충족되면 대면 학습 이상의 몰입과 성장 그리고 교류가 가능하다. 변화를 위기로만 여긴다면 도약의 기회를 알아보지 못할 것이다. 급변하는 상황에 대한 대응 전략이 무엇이냐에 따라 코로나19 이후 융합 교육의 거점 기지가 다시 결정될 수 있다고 생각한다.

2. 〈인터랙티브 스토리텔링 디자인〉의 교육 철학과 기반

〈인스디〉는 창의, 융합, 글로벌, 사회문제 해결, 창업 역량 기반 디지털 융합 교육을 추진하는 연세대학교 인문융합교육원이 개설하고, 창업을 통한 혁신을 추구하는 은행권청년창업재단이 운영 후원하는 문과대 전공 교과이다. 따라서 〈인스디〉 최상위 교육 목적은 상위 기관 설립 배경과 연관되어 있다. 〈인스디〉 교육 철학은 문화적 기업가정신cultural entrepreneurship에 기초한다. 이는 슘페터Joseph A. Schumpeter의 경영 철학으로 알려진 기업가 정신을 문화창의 산업 특성에 맞춰 구체화한 개념이다.[3] 기업가 정신을 좁게 해석하여 경영대학이나 창업 전공에만 소용되는 지식으로 한정하는 것은 잘못된 일이다. 기업가 정신은 눈앞의 경제적 이익과 효율을 따르는 장사치의 자질과는 다르다. 그것은 문제 해결을 통해 높은 부가가치를 창출하

---

[3]　슘페터의 기업가 정신은 창업과 혁신의 방법론으로 널리 활용되고 있다. 전례 없는 방식으로 신제품과 서비스를 개발하는 것은 인간 경험을 혁신하는 활동이며 기술 발전과 동반자 관계를 이룬다. 이 과정에서 창조적 파괴 또는 파괴적 혁신을 주도하는 기업가의 노력과 의욕이 발생하는데, 이는 기업가 정신의 핵심이기도 하다. 슘페터가 강조하는 주제어는 혁신과 기업가이다. 그는 혁신을 자본주의의 주요 동력이라 보았고, 경제적 가치를 창출하고 선도하는 힘의 근원을 혁신에서 찾았다. 무엇보다 슘페터는 기업가를 혁신 실험의 주체라 판단한다. 기업가들은 자신의 왕국을 건설하려는 꿈과 의지가 강한 인물로 많은 장애물을 대면해야만 하므로 혁신적 기업가들은 승자와 패자가 동시에 만들어지는 불확실성 위에 존재하게 된다고 판단하였다.

고 인간의 오랜 관습마저 변화시키는 기업가에게 요구되는 철학, 태도, 능력을 폭넓게 지시한다.

기업가에게는 혁신적 태도, 도전적 실행력, 건강한 야심이 필요하다. 기업가라는 용어에는 모험과 실험을 추구하는 지향이 내재되어 있다. 성공을 낙관할 수 없는 불확실한 상황에도 지속 가능한 변화와 창의적 전복을 시도하며, 새로운 규칙을 고안하는 기업가에게는 기존 경계를 재설정하려는 의지와 결단력이 요구되기 때문이다. 기업가정신은 역동적 세계를 상대로 문화와 경제, 공동체를 발전시키고 변화를 일상에 수용시키는 에너지가 되므로 디지털 기술과 인문학을 삶과 융합하려는 〈인스디〉의 교육 철학으로 합당하다. 이 철학을 문화 산업에 적용할 때 많이 언급되는 '문화적 기업가정신'은 슘페터에 이어 혁신 모델의 이론화에 기여한 오스트리아 경제학자 라부아Don Lavoie에 의지하는 바가 크다.[4] 라부아는 사회 경제 구조와 가치 변화에 기여하는 '문화의 발명' 역할에 주목하였다. 그러므로 '발명가'는 문화 기업가가 사업적 가치를 실현하면서 기존 세계의 생각과 행동을 지배해 온 관성을 설득, 조정하는 인물임을 강조하는 수사다.

문화적 기업가정신과 기업가의 역할은 문화에 대한 산업적 가치 인식이 높아지며 재평가되고 있다. 문화 산업을 주도해 온 이들은 통상 예술가로 분류되어 왔으며, 기업가라는 인식은 미약하였다. 하지만 첨단 기술과 더불어 성장하면서 산업계 중심에 선 이들은 지속 가능성과 독립성을 갖춘 경제, 사회적 가치 생산 주체인 기업가로 인식될 필요가 있다. 이러한 맥락

---

4   Don Lavoie & Emily Chamlee-Wright. *Culture and Enterprise: The Development, Representation and Morality of Business.*

문화적 이코노미
UNESCO의 문화적 통계에 근거하여

문화적 도메인						연관 도메인	
A. 문화적 자연적 유산 - 박물관(가상 포함) - 역사적, 고고학적 장소 - 문화적 유산 - 자연적 풍랑	**B. 퍼포먼스, 축제** - 퍼포밍 아트 - 뮤직 - 축제, 박람회	**C. 비주얼 아트, 공예** - 순수 예술 - 사진 - 공예	**D. 책, 출판** - 책 - 신문, 잡지 - 기타 인쇄물 - 도서관(가상 포함) - 도서 축제	**E. 오디오, 비주얼, 인터랙티브 미디어** - 영화, 비디오 - TV, 라디오 - 팟캐스팅 - 비디오 게임 (온라인 포함)	**F. 디자인, 크리에이티브 서비스** - 패션 - 그래픽 - 인테리어 - 환경, 조경 디자인 - 건축 - 광고 서비스	**G. 투어리즘** - 차터 여행, 관광 서비스 - 숙박, 접객	**H. 스포츠, 레크레이션** - 스포츠 - 피지컬 피트 - 테마파크, 놀이 공원 - 캠핑
무형의 문화적 헤리티지						무형의 문화적 헤리티지	
교육, 훈련						교육, 훈련	
아카이빙, 보존						아카이빙, 보존	
기자재, 도구, 지원 자료						기자재, 도구, 지원 자료	

그림 2 | UNESCO 문화창의 산업 분류

에서 대학 인문 교육의 일부는 반드시 전공자들을 문화기업가로 육성하는 목표를 가져야 할 것이다. 그것은 종래의 예술가, 문학가 양성 교육과 같은 접근으로는 실현되기 어려울 것이다. 〈인스디〉는 문화창의 산업계에서 새로운 솔루션 창안이라는 기업가적 본분을 맡을 인문 인재 양성을 목표하였다. 관련하여 론스버리Michael Lounsbury와 글린Mary Ann Glynn은 문화적 기업가 정신을 현존하는 기업가 자원과 그들의 자본 획득, 부의 창출 사이를 매개하는 스토리텔링 프로세스로 정의한다.[5] 이들은 특별한 사건의 중심인물로서 기업가와 그들의 이야기에 관심을 기울인다. 문제에 적응하고 인내하기 위해 에너지를 사용하던 사람들도, 기업가가 문제를 기회로 포착해 해결책

구상을 시작하면 변화를 선택한다. 이렇듯 기업가의 실천은 투자자, 경쟁자, 소비자가 부여한 합법성을 통해 새로운 자본과 시장을 만들고 고정 관념과 습관에 균열을 일으킨다.

문화적 기업가정신은 문제 해결 과정을 추동하는 내러티브 프레임워크를 중시한다. 〈인스디〉가 문화와 조직 공동체에 대한 통찰과 실행을 연결하는 방법론으로 스토리텔링을 활용하는 이유가 여기에 있다. 필자는 문화적 기업가정신과 스토리텔링을 연결하는 실천 학습 영역으로서 문화창의산업에 주목한다. UNESCO 산업 분류는 문화 상품과 예술작품이 창조, 산업 재생산, 대량 배급을 아우르는 다양한 비즈니스와 연결되어 있음을 보여 준다.[6] 기업가적 역량과 자질을 학습하려는 사람들은 문화창의 산업 저변이 오랜 기간 엔지니어와 창업가의 영향을 받아 왔고 문화 상품의 제작, 생산, 유통 방식에도 도전적 혁신이 이어져 왔음을 이해할 필요가 있다. 대학과 산업의 경계에 있는 필자에게는 사회에 기여하는 인문학의 실제 범위보다 그 역할을 좁게 인식하는 문과대학생들의 소극적 경향이 보인다. 우리가 학생들에게 개인과 세계에 관한 본질적 성찰과 역동적 실천을 다루는 인문학의 큰 틀에 대한 믿음보다, 세분화된 전공 몰입을 주입하지 않았는지 돌아볼 필요가 있을 것이다.

문화창의 산업은 학습자의 미래 지향적 경력 설계를 돕고, 전공 효능감 제고에도 도움을 준다. 인문학이 침투하지 못하는 사회와 산업의 한계가

5   Michael Lounsbury & Mary Ann Glynn, "Cultural Entrepreneurship: Stories, Legitimacy and the Acquisition of Resources."

6   Capacity-Building Programme in Africa. "What Do We Mean by the Cultural and Creative Industries?" https://bit.ly/2PhCpuD (2021.07.09. 확인)

없음에도, 학생들 사이에 전공을 살리기 어렵다는 불안과 무력감이 확산되고 있음을 우려한다. 지금은 그들이 활약할 문화창의 산업 관련 직무와 기업 활동을 폭넓게 경험할 수 있는 교육적 기회가 절실한 때이다. 연세대학교 〈인스디〉는 매 학기 다종다양한 문화기업가와 스타트업이 함께하는 PJT 주제로 구성된다. 2019년부터 2020년까지 총 3학기 동안 〈인스디〉에 참여한 문화창의 산업 분야 기업과 기관 목록은 다음과 같다.

[표 2] 2019-2020년 〈인터랙티브 스토리텔링 디자인〉 교과 참여 기업 및 기관

기업명	문화창의 산업 도메인	비즈니스 정의	비가시적 문화 요소	참여 방식
하루북	Books & Press, Interactive Media	1인 독립 전자, 인쇄 출판 저작 플랫폼	Equip & Supporting Archiving & Preserve Edu & Training	2019-2학기 신규 기능 개발, 문제 개선, 마케팅 디자인 제안 PJT
어라운드 어스	Performance & Celebration	엔터테인먼트 산업 분야 퍼포머, 작가, 기획자 영상 포트폴리오 기반 구인 구직 플랫폼	Equip & Supporting Archiving & Preserve Edu & Training	2019-2학기 신규 기능 개발, 문제 개선, 마케팅 디자인 제안 PJT
딕션	Audio-Visual, Interactive Media	청각장애, 외국인 대상 영상 인식 한국어 학습 플랫폼	Equip & Supporting Edu & Training	2019-2학기 신규 기능 개발, 문제 개선, 외국인을 위한 한국어 영상 학습 기능 디자인 제안 PJT
스마트 미디어 콘텐츠	Audio-Visual, Interactive Media	핑크퐁 등 캐릭터 IP 기반 유아 교육 콘텐츠	Equip & Supporting Edu & Training	2019-2학기 전문가 섹션: CCIs 스토리 산업 시야 확대
서틴스 플로어	Audio-Visual, Interactive Media	VR 엔터테인먼트 & 교육 콘텐츠 개발	Equip & Supporting Edu & Training	2019-2학기 전문가 섹션: CCIs 스토리 산업 시야 확대
네이버 클로바	Audio-Visual, Interactive Media	인공지능 기술, 대화 모델 구현 기술 기반 정보 콘텐츠 개발	Equip & Supporting Edu & Training	2019-2학기 전문가 섹션: CCIs 스토리 산업 시야 확대
반지하 게임즈	Audio-Visual, Interactive Media	스토리게임, 디지털 게임 개발	Equip & Supporting Edu & Training	2020- 여름학기 전문가 섹션: CCIs 스토리 산업 시야 확대

디캠프	Performance & Celebration	Imagine Future: 페스티벌 스타트업 커뮤니케이션과 브랜딩	Edu & Training	2019-2학기/ 2020- 여름학기 전문가 섹션: CCIs 스토리 산업 시야 확대
디블렌트	Design & Creative Service	크리에이티브 캠페인, 브랜드 스토리 / 시나리오 개발	Edu & Training	2020- 여름학기 전문가 섹션: CCIs 스토리 산업 시야 확대
세줄일기	Books & Press, Interactive Media	개인화 SNS	Equip & Supporting Archiving & Preserve Edu & Training	2020-여름학기 인터랙티브 마케팅 콘텐츠 디자인 PJT
플라이북	Books & Press	개인 맞춤 도서 구독 서비스	Equip & Supporting Edu & Training	2020-여름학기 인터랙티브 마케팅 콘텐츠 디자인 PJT
도그 메이트	Design & Creative Service	맞춤형 펫시터 매칭 플랫폼	Equip & Supporting Edu & Training	2020-여름학기 인터랙티브 마케팅 콘텐츠 디자인 PJT

3. 무엇을 배우는가

〈인스디〉가 선택한 융합 이론은 '스토리텔링 디자인'이다. 이 수업은 인간과 인간, 인간과 시스템 사이 상호작용을 맥락, 매체, 경험 디자인 차원으로 접근한다. 스토리텔링은 특정한 인물에게 초래된 문제적 사건의 내용에 해당하는 '스토리Story'와 그것의 표현 형식을 지시하는 '텔링telling'의 합성어이다. 스토리텔링은 인문 이론의 주요한 축을 이루는바, 문과대학생들은 졸업 전까지 다양한 관련 이론을 배우게 될 것이다. 이것과 차이가 있다면 우리 수업은 스토리텔링을 순수 문학 이론으로 접근하지 않는다는 사실이다. 〈인스디〉의 스토리텔링 법칙들은 낯선 맥락을 공감과 설득을 통해 나 아닌 다른 사람, 대중과 고객의 생각과 행동을 설계 의도에 맞게 변화시키기 위한 디자인 방법론이다. 우리는 스토리텔링 디자인 적용 영역은 콘텐츠뿐 아니라 제품과 서비스 등 새로운 인간 경험이 도달할 수 있는 모든 지점, 문화적 콘텍스트 전체를 범위로 삼는다.

제롬 브루너Jerome Bruner는 인간이 자신과 타인의 삶에서 무언가를 선택할 때는 논리적 사고뿐 아니라 많은 부분을 내러티브 기반으로 생각한다고 말하였다.[7] 그는 내러티브가 인간 의도의 변화를 다루기 때문에, 내러티브 민감성은 사회적으로 자신과 타자를 연결하는 고리가 된다고 보았다. 이야기는 인간 중심, 문제 중심, 맥락 중심 사고를 촉진한다. 이야기란 한 인물이 어려움을 극복하는 과정에서 자각과 성장을 통해 스스로 생각과 행동의 변화를 끌어내는 구조로 작동하기 때문이다. 스토리텔링을 콘텐츠 외에 포괄적인 인간 경험의 혁신의 방법론으로 적용하는 것은 문과대에서는 낯선 시도일 수 있다. 그러나 이는 산업계, 특히 디자인 분야에서는 익숙한 일이다. 잘 알려진 혁신 이론 '디자인 싱킹design thinking'은 디자이너가 문제를 숙고하고, 창의적 해결책을 찾는 방법론으로 스토리텔링을 활용한다. 인문학자들이 인식하지 못하는 사이에도, 스토리텔링은 인간 경험 혁신과 인간 중심 문제 해결에 기여하는 실천 이론으로 중요한 기능을 맡고 있었던 것이다.

〈인스디〉 학습자들은 디자인 프레임을 익히기 전, 리드러닝lead learning 시간을 통해 설계와 창작의 토대가 되는 인문 이론을 학습한다. 이 단계에는 전통 영역부터 디지털 서사에 이르는 다양한 서사 이론 탐구가 이루어진다. 좋은 스토리텔링으로 재미난 콘텐츠를 만들 수 있다. 그러나 경계를 초월한 혁신적 스토리텔링이라면 인류의 생각과 행동을 바꾸는 새로운 콘텍스트까지 발명할 수 있다. 경험의 혁신을 시도하는 문화적 기업가는 글을 쓰는 '작가'가 아니다. 인문학도에게 읽고 쓰는 역량이 중요하지만, 문화적 기업가로서 인문학도는 인간의 경험 생성과 작동에 관한 전체 구조, 가치 창출의 흐름과 변화를 설계하는 '디자이너'로서 이에 적합한 태도와 지식, 이해를 갖춰야 한다. 〈인스디〉가 스토리텔링 이론을 텍스트 분석과 창작이라는 좁은 범위에서 탈출시키는 것을 혁신 목표로 삼는 이유가 여기에 있다.

---

7   Jerome Seymour Bruner. *Making stories: Law, literature, life.*

이야기 원리를 어떤 대상과 목적에 결합할 것인가는 발명가에 해당하는 스토리 디자이너의 판단과 결정에 달려 있다. 디자이너는 상호작용과 참여를 통해 서로 다른 결과를 만드는 사용자를 구체화하고, 그 과정이 발현되는 무대를 만들면서 유도 동선을 설계한다. 스토리텔링은 어떤 매체로든 침투 가능한 편재성을 가지고 있어서, 이를 콘텐츠 너머로 확장시켜 콘텍스트 혁신 방법론으로 익히는 것은 문과대학생들의 전공 효능감 강화에 도움을 줄 것이다. 학습자들이 산업과 사회의 변화를 고려해 전공 학습과 개인의 경력 구상을 사회와 산업을 매개로 현실화할 수 있도록 지원하는 것이야말로 인문융합 교육의 중요한 기능이어야 한다.

4. 어떻게 배우는가

〈인스디〉는 실행에 관한 학습learning about practice, 실행을 통한 학습learning through practice을 함께 시도하는 교과이다. 스타트업과 함께하는 PJT 수행에 필요한 것을 배우고, 배우면 즉시 활용하는 과정을 반복한다. 스타트업과 학습자팀이 더불어 지식과 경험을 나누는 것은 〈인스디〉 PJT 학습의 핵심이다. 우리 사회의 가장 도전적인 혁신가 집단인 창업가들과 한 팀이 되어, 실제 기업의 문제를 해결하면서 학습자들은 나의 앎이 나의 삶과 분리된 것이 아님을 인식하게 된다. 동시대인이 안고 있는 다양한 문제를 인문학적 문제 해결 프로세스에 녹여 창작 과정을 익히고 결과를 제안하는 〈인스디〉의 학습 가치가 여기에 있다. 학습자들은 스토리텔링 사고에 기반하여 산업과 사회 이슈를 인식하고 창의적 해법을 발명하며 성장한다. 이 과정은 개성과 배경, 관심과 역량이 다른 학우들이 팀을 이루어 협력적이고 능동적인 배움을 실천하며 촉진된다.

스타트업 PJT 수업의 성패는 학습자들이 참여 기업과 제안된 주제에 매력과 호기심을 느끼는가에 달려 있다. 〈인스디〉는 학습자가 PJT 주제와 기업에 대한 사전 지식을 갖고 수업에 임할 수 있도록 수강신청 단계부터 자세한 정보를 미리 제공한다. 〈인스디〉는 기본 강의 계획서 외에 기업과 기업인, PJT 상세 주제와 예상 아웃풋, 단계별 활동 계획, 산출 결과에 대한 안내 정보를 10페이지 분량으로 공개하였다. 교과 특성과 운영 과정의 합의는 학습자를 교육 주체로 인정하는 단계로 중요하다. 수강 후기를 보면 학습자들은 처음에 교과 계획 외에 사전 정보와 참여 역할 요구가 많은 〈인스디〉 선택을 망설였다고 한다. 그러나 참여 주체가 다양하고 교육에 대한 적극적 정보 공개가 이루어지는 모습을 보고 준비된 PJT 수업에 대한 기대와 의욕을 갖게 되었음을 회고한다. 수강신청 전, 기업 선발부터 주제와 참여 범위 협의까지 외부 기관과 연계된 계획을 수립하는 것은 교수자의 많은 노력이 필요한 일이다. 〈인스디〉에는 매 학기 평균 6개 이상의 스타트업과 관계 기관이 참여한다.[8] 참여 기업은 교수자의 상시 활동으로 우수한 대상을 탐색하고, 수강 계획 수립 시기에 통상 3배수를 사전 선정한 뒤, 추가 검토를 거쳐 최종 선발한다. PJT 계획은 교수자가 먼저 설계해 기업에 제안하고 지속적 협의를 거쳐 최종 확정하는 데까지 약 2개월 정도 소요된다.

〈인스디〉는 이질적 구성원 기반의 팀 활동을 중시한다. 대학에는 다양한 팀 과제가 존재하지만, 본연의 목표를 상실한 채, 적은 수의 교수자로 대규모 학습자를 관리기 위한 효율화 수단이라는 인식 때문에 학습자 반응이 부정적인 경우도 있다. 〈인스디〉는 학습자들에게 실제 산업과 사회 혁신을 이끄는 동력이 서로 다른 역량의 조화임을 알려 주고, 긍정적 협력과 건전한 경쟁 속에서 성장하도록 구성되었다. 수업 1-2주 차에 학습자들은 팀 빌딩을 위한 구조적 프로필을 마련하고, PJT 선택 이유와 보유 역량, 기여 의

---

8   〈인스디〉는 은행권청년창업재단의 도움으로 유망한 스타트업과 안정적 관계를 맺고, 기업가들이 고민하는 주제를 PJT로 구조화하고 교육 활동으로 발전시킬 수 있었다.

지를 발표하는 시간을 갖는다. 모든 발표를 듣고 난 뒤, 희망 팀원과 기업을 지명 제출한다. 팀 빌딩을 통해 학습자들은 자신을 적극 표현해야만 원하는 기회를 얻을 수 있음을 알게 된다. 또한 목표 지향적 PJT에서는 사적 친밀함을 중심으로 하는 균질 집단이 반드시 유리하지만은 않다는 사실도 깨닫는다. 〈인스디〉에서 서로 다른 집단 간 협업과 소통 능력 함양은 교과 이론 학습 목표 달성만큼 큰 비중을 갖는다.

스타트업 PJT는 외부 세계와의 연결 학습을 강조한다. 학교와 강의실을 넘어 진짜 사회와 결부된 배움을 위해 실행 자산을 구축하고, 자신과 팀의 활동을 외부에 노출하여 유효하고 전문적인 피드백을 받아 스스로 성장 기회를 마련하는 것이다. 학습자에게는 관련 전문가, 기업인과 직접 의견을 교환할 수 있는 기회가 주어진다. 경험 기반 성장은 단기간, 한 번의 PJT로 완성되지 않는다. 올바른 사회적 소통과 관계 형성 능력은 하나의 수업이 아니라 대학 교육 전반에 걸쳐 지속적으로 길러져야 한다. 〈인스디〉는 리드러닝lead learning, 스타트업 특강inspiring lecture, 챌린지creative challenge, 최종 무대public session라는 4개의 블록으로 구조화된 수업이다. 스타트업 특강은 학습자가 PJT에 과몰입한 나머지 스토리 디자인과 문화창의 산업에 관한 시야가 다시 좁아지는 것을 방지하고 외부 전문가와의 교류를 확장하기 위해 추진된다. 특강 형식을 빌리지만, 기업가와 만나 이야기 나눌 주제를 미리 학습하고 사전 질문을 개발하는 단계를 배치한다. 전문가 연계 활동에 참여하는 학습자의 이해도, 관여도를 높이고, 외부 인사와의 상호작용 밀도를 높이기 위함이다. 특강 종료 후 성찰 활동을 거쳐 지식과 경험의 내재화를 시도하고 학습자들이 정리한 강의 콘텐츠를 포트폴리오에 싣는다.

〈인스디〉는 기업과 사전 조율을 통해 PJT 수행 중 학습자와의 소통 채널

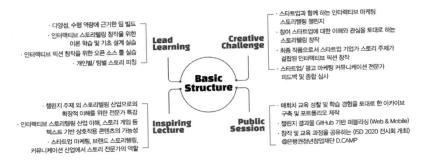

· 다양성, 수행 역량에 근거한 팀 빌드
· 인터랙티브 스토리텔링 창작을 위한
  이론 학습 및 기초 설계 실습
· 인터랙티브 픽션 창작을 위한 오픈 소스 툴 실습
· 개인별/ 팀별 스토리 피칭

Lead Learning

Creative Challenge

· 스타트업과 함께 하는 인터랙티브 마케팅
  스토리텔링 챌린지
· 참여 스타트업에 대한 이해와 관심을 토대로 하는
  스토리텔링 창작
· 최종 작품으로서 스타트업 기업과 스토리 주제가
  결합된 인터랙티브 픽션 창작
· 스타트업/ 광고 마케팅 커뮤니케이션 전문가
  피드백 및 종합 심사

Basic Structure

· 챌린지 주제 외 스토리텔링 산업으로의
  확장적 이해를 위한 전문가 특강
· 인터랙티브 스토리텔링 산업 이해, 스토리 게임 등
  텍스트 기반 상호작용 콘텐츠의 가능성
· 스타트업 마케팅, 브랜드 스토리텔링,
  커뮤니케이션 산업에서 스토리 전문가의 역할

Inspiring Lecture

Public Session

· 매회차 교육 성찰 및 학습 경험을 토대로 한 아카이브
  구축 및 포트폴리오 제작
· 챌린지 결과물 GitHub 기반 퍼블리싱 (Web & Mobile)
· 창작 및 교육 과정을 공유하는 〈ISD 2020 전시회 개최〉
  @은행권청년창업재단 D.CAMP

그림 3 ┃ 연세대학교 2020 여름학기 〈인스디〉 학습 구조

과 빈도, 목표, 형식을 협의한다. 최종 발표 무대와 중간 점검 회의, 현장 방문이 허용되지 않는 기업은 선발하지 않는다. 학습자들에게는 비즈니스 메일 작성을 비롯해 기업과의 직접 소통에 필요한 유의 사항을 지도한다. 그들이 외부 기관 및 인사와 관계를 맺고 필요한 일을 수행하려면 지식만큼 태도가 중요하기 때문이다. 기초적인 준비가 끝나면 학습자 팀에게는 성숙한 자세로 자신감을 가지고 교류에 임하도록 격려한다.[9]

피드백은 〈인스디〉에서 교수자의 가장 많은 시간 투입이 발생하는 과업 중 하나다. PJT는 학습자 주도성이 중요하지만, 과정에 대한 관찰과 지도가 소홀한 채 결과만을 평가하는 것은 옳지 않은 일이다. 피드백은 수업을 활용해 중요 과업 단계별, 개별, 팀별, 직군별 토론과 의견 나눔을 지속해 이루어진다. 학습자는 공유 문서와 학습 커뮤니티를 활용해 매일 혹은 매

9　수업 초반 〈인스디〉 수강생 전원에게 스토리 디자이너 직함의 명함을 제작해 선물하였는데 이것은 외부 활동 시 학습자들의 네트워킹에 활용하기 위함이다.

주 학습을 성찰 로그로 기록하며, 교수자는 다음 수업까지 모든 항목에 회신을 마치고 상호 의견을 나눈다.[10] 성찰 로그가 형식적 과제가 아니라, 배움을 구조화하고 수업 발전에 이바지하는 활동임을 인식하면 학습자의 작성 태도는 더 진지하고 성숙해진다. 다음은 피드백 주요 자료로 활용되는 성찰 로그의 주요 주제이다.

성찰 주제

1. 오늘 수업 내용 중 가장 인상적인 지식, 경험, 자극은 무엇이었습니까?
2. 수업 내용은 본인의 전공 지식이나 기존 경험과 어떤 관련이 있습니까?
3. 수업 내용 중 기존 지식, 경험, 관점과 차별적인 점은 무엇이었습니까?
4. 더 활발하고 능동적인 수업을 만들기 위한 제안을 작성해 주세요.

PJT 피드백은 팀별, 직군별로 나누어 미리 공지된 일정에 따라 진행한다. 소속은 달라도 같은 직무를 수행하는 담당자 회의를 통해, 타팀의 진행 상황과 품질 수준에 관심을 갖도록 유도한다. 협업은 산업계의 중요 학습 전략이며, 조직 경계를 넘어선 의견 교환과 피드백은 건강한 경쟁과 협력을 강화시킨다. 이질적 구성원 간 차이를 강점으로 활용하지 못하고 상

---

10   수업 시수에 따라 2019년 2학기 수업은 주 1회, 2020년 계절 수업은 주 5회 피드백이 진행되었다.

대 역할에 무감한 분업에 돌입하는 것은 융합 수업이 가장 경계해야 할 지점이라 생각한다. 〈인스디〉 PJT를 통해 결과물을 만드는 과정이 전공 차이에 따른 기계적 분업을 추구한다면 의미 있는 융합 경험은 기대하기 어려울 것이다. 〈인스디〉는 상위 기획, 설계, 리서치, 핵심 콘텐츠 개발 단계의 조기 분업을 통제하였다. 통합된 팀 활동을 유지하기 위해서이다. PJT에는 기능별 담당자가 필요하지만, 허용 단계 전까지는 모든 과업을 팀장 중심으로 함께 진행하도록 유도한다. 분업이 필요한 시점에 이르면, 교수자는 직군 담당 회의를 통해 세부 품질 향상을 위한 협업 단계 변경을 공지하고, 직군별 피드백을 강화한다.

〈인스디〉 교육의 피날레는 학습자를 세상을 향한 열린 무대에 세우는 것이다. PJT를 수업 중 과제로 의미 축소하지 않고, 실제 사회와 산업의 문제 해결에 기여하는 활동으로 인정해야 한다. 최종 무대에는 참여 기업, 후원 기관에서 다양한 외부 전문가들이 초청되어 학습자 발표를 경청하고 의견을 나눈다. 즐겁고 활기찬 무대를 마련하는 데 큰 비용이 들지는 않았다. 강의 공간을 소박하게 꾸미고, 학습자를 무대의 주인공으로 만들며, 손님들을 환영하는 것이면 충분하다. 발표자는 팀원의 노력이 깃든 결과물을 전달하며, 청중을 설득하는 책임을 맡는다. 필수 콘텐츠와 발표 무대 운영 규칙은 사전 공지되고 함께 예행 훈련을 한다. 온라인 발표는 오프라인과 달리, 매체 기반 상호작용 전략이 필요하다. 리허설을 통해 교수자와 팀원들이 무대 완성도를 높이고 차별화 요소를 개발한다. 과정과 결과에 대한 애착, 학교 담장을 넘어 자신의 견해와 창작물을 외부에 선보이는 두려움 극복, 끝까지 최선을 다하는 태도는 PJT 학습의 핵심이다. 최종 무대의 우수작 평가는 전문가 심사 외에 동료 평가 부문을 따로 마련했다. 학습자의 성장을 인정하고, 과정을 함께한 동료로서 좋은 결과물에 대한 판단과 분석 기회를 동등하게 나눈다. 마지막 수업은 모든 학습자가 참여하는 PJT 리뷰와 자기 성찰 시간으로 꾸린다. 화려한 무대를 마치고 스스로 배움을 정리하며 자신과 학우들의 변화를 차분히 되돌아보는 시간을 갖는 것이다. 문과대학 안의 조금 특별한, 그러나 학교 밖 세계에서 더 자유롭게 더 도전적인 역할을 담당할 인문전공 학생들에게 꼭 필요한 하나의 작은 수업, 〈인스디〉의 15주 한 학기는 그렇게 막을 내린다.

참고자료

Billett, Stephen. "Learning through practice: beyond informal and towards a framework for learning through practice", Revisiting global trends in TVET: Reflections on theory and practice, 2013, pp.123-163.

Bruner, Jerome Seymour. *Making stories: Law, literature, life*, Massachusetts: Harvard University Press, 2003.

Capacity-Building Programme in Africa. "What Do We Mean by the Cultural and Creative Industries", Document no. 11, 16 Oct, 2012(https://bit.ly/2PhCpuD).

Cunningham, J. Barton, & Joe Lischeron. "Defining entrepreneurship", *Journal of small business management*, vol. 29, no. 1, 1991, pp.45-61.

Kim, Amy Jo. *Game Thinking: Innovate smarter & drive deep engagement with design techniques from hit games*, Burlingame: gamethinking. io, 2018.

Larmer, John, John Mergendoller & Suzie Boss. *Setting the standard for project based learning*, Alexandria, VA: ASCD, 2015.

Lave, Jean. "Teaching, as learning, in practice." *Mind, culture, and activity*, vol. 3, no. 3, 1996.

Lavoie, Don & Emily Chamlee-Wright. *Culture and Enterprise: The Development, Representation and Morality of Business*, London and New York: Routledge, 2002.

Lewrick, Michael, Patrick Link & Larry Leifer. *The design thinking playbook: Mindful digital transformation of teams, products, services, businesses and ecosystems*, New Jersey: John Wiley & Sons, 2018.

Lounsbury, Michael & Mary Ann Glynn. "Cultural Entrepreneurship: Stories,

Legitimacy and the Acquisition of Resources." *Strategic Management Journal*, vol. 22, June-July, 2001.

Rosenfeld, Rebecca B. "Examined Externship is Worth Doing: Critical Self-reflection and Externship Pedagogy." *Clinical Law Rev*, vol. 21, 2014.

Van Der Pijl, Patrick, Justin Lokitz & Lisa Kay Solomon. *Design a better business: New tools, skills, and mindset for strategy and innovation*, New Jersey: John Wiley & Sons, 2016.

Werbach, Kevin & Dan Hunter. *For the win: How game thinking can revolutionize your business*, Philadelphia: Wharton digital press, 2012.

Withers, Denise. *Story Design: The Creative Way to Innovate*, Vencouver: The nlab, 2017.